숨, 쉼, 삶이 있는 창의 인성 소통 전래 · 전통 놀이

숨, 쉼, 삶이 있는 창의 인성 소통

전래·전통 놀이

출판
이안

숨, 쉼, 삶이 있는 창의 인성 소통

전래 · 전통 놀이

초판 인쇄   2020년 09월 23일
초판 발행   2020년 09월 25일

지은이   김미숙 서재택 강은선 오은영 조정화
            김예경 김서리 박양미 이경애 이난나
            김병진 이성애 조정호 송옥금 조정문

펴낸곳   출판이안
펴낸이   이인환
등록   2010년 제2010-4호
편집   이도경 김민주
주소   경기도 이천시 호법면 이섭대천로 191-12
전화   010-2538-8468
제작   세종 PNP
이메일   yakyeo@hanmail.net

ISBN : 979-11-85772-81-3(13000)

이 도서의 국립중앙도서관 출판시도서목록(CIP)은 서지정보유통지원시스
템 홈페이지(http://seoji.nl.go.kr)와 국가자료공동목록시스템(http://www.
nl.go.kr/kolisnet)에서 이용하실 수 있습니다.(CIP제어번호: CIP2020037666)

값 15,000원

머리말

어렸을 때 우리는 무엇을 하고 놀았었나 기억을 되살려 보았습니다. 옛 기억을 되살려 보니 저 자신이 힐링이 되었습니다. 또한 어르신들을 대상으로 전통·전래놀이 프로그램을 진행해 보았더니 정말 아이들처럼 좋아하셨습니다. '나이를 먹을수록 아이가 되어간다'는 말처럼 놀이를 하는 어르신들의 표정에는 아이의 순수함이 한껏 묻어 나왔습니다.

전통·전래놀이는 게임을 통해 규칙을 배우고, 상황을 판단하는 인지력을 익히고, 팀원과 함께 해야 살아 남는다는 협동과 단결을 배웁니다. 무엇보다 중요한 것은 조상들의 지혜를 배움으로써 어른을 공경하는 인성을 함양할 수 있습니다.

전통·전래놀이는 어르신과 성인은 추억을 되살리어 순수함을 되찾게 함으로써 정서와 정신적으로 치유와 힐링의 시간도 갖게 합니다.

현대사회에서 아이들은 예를 잃어가고, 어른들은 부정부패로 때가 묻어서 사회가 각박해지고 있습니다. 아이들은 어른들에게, 어른들은 아이들에게 서로에게 입에 담지 못 할 말을 할 때도 있습니다. 모든 교육의 시작인 가정교육이 무너졌기 때문입니다.

전래·전통놀이는 가족끼리의 소통을 이끌어줍니다. 가정 교육을 해결하려면 소통을 잘하라고 합니다. 하지만 대화없이 지내던 가족들이 갑자기 대화로 소통을 한다는 것은 자칫 부작용을 불러 일으킬 수 있습니다. 대화를 시도하지만 서툰 대화방식으로 오히려 갈등만 커질 수 있기 때문입니다.

이때 필요한 것인 전래·전통놀이입니다. 놀이는 만들어가는 과정에서 의견을 제시하며 대화를 할 수 있고, 만들기가 끝날 때면 놀이를 통한 대화가 이루어져서 소통하는 자리에 들어서게 됩니다.

여기서 중요한 것은 자연스런 스킨십입니다. 놀이를 통해 즐기면서 대화의 문을 열어 가고, 그렇게 대화의 문이 열리면 소통은 저절로 원활해지게 되는 것입니다.

전래전통놀이는 현대사회에서 더욱 중요해진 인성, 소통, 인지, 창의, 협동의 문제를 해결해서 소통의 문제를 해결할 수 있습니다.

이에 확신을 갖고 현장에서 강의하는 유명한 강사들이 모여 전래전통놀이 교재를 엮어 보았습니다.

인생 이모작, 삼모작으로 새로운 직업을 원하시는 분들이나, 제4차 산업혁명 시대에 경쟁력으로 떠오른 소통의 문제를 해결하기 위해 지금 이 시간에도 강사로서 땀을 흘리시는 분들에게 좋은 교재가 될 것이라 확신합니다.

그동안 강연장에서 전래전통놀이의 교육적 효과를 증명해 주신 수많은 어르신들과 성인 교육생들에게 감사드리며, 이 책이 더욱 활성화되어 자라나는 아이들에게 좋은 교재로 활용될 수 있기를 기원해 봅니다.

감사합니다.

저자 일동.

차 례

III. 전래동요와 함께

IV. 부록

V. 참고문헌

숨, 쉼, 삶이 있는 창의 인성 소통

전래·전통 놀이

전통놀이란?

PART I

I. 전통놀이의 개념

전통이란 지난 세대에 이미 이루어져 그 후로 계통을 이루어 전하여지는 모든 것을 포함하여 말한다. 즉 내림이라든가 계통이란 뜻을 나타내고 있다. 전통의 내용은 한 시대에 살던 한 집단의 구성원들이 서로 나누어 갖고 있었던 생활의 모습들이라고 보인다(김인희, 1985).

각 사회는 그 사회 특유의 생활양식을 아동에게 가르치듯이, 그 사회의 문화적 특수성이 낳은, 또는 그 사회의 문화적 특수성이 반영된 각종 놀이를 아동에게 가르치며 키우게 된다. 한국 사회에서도 한국 문화의 특수성이 낳은, 구체적이고 다양한 아동놀이가 발견되고 있다. 이들 아동놀이는 한국의 육아방법과 양육태도의 일부라 할 수 있으며, 한국 고유의 육아법과 양육방식에 포괄된 고유의 아동놀이가 된다. 우리 조상들은 부족국가 시대부터 이미 멋있고 흥겹게 놀 줄 알았다. 우리의 멋과 가락은 오랜 세월 끊이지 않고 이어져 내려오는 동안 자연적, 역사적, 사회적 환경에 대처하고 적응하면서 얻어진 신앙과 형태로 정착되어 오늘날 우리가 즐기게 된 것이다(김광언, 1990; 김성배, 1983).

이러한 의미에서 전통놀이란 고대로부터 일반적으로 행해지면서 민간에 의하여 전승되어오는 여러 가지 놀이로써 전통성, 역사성, 고유성, 지속성을 지닌 놀이를 말한다(이은화, 1989).

전통놀이는 유아들이 자연스러운 상황에서 즐길 수 있으며 문화적 가치뿐만 아니라 정신문화의 소중한 유산이며, 유아의 성장 발달에 조화롭고 원만한 인격을 형성하는 데 중요한 역할을 한다. 또한 유아들은 다른 친구들과 어울려 즐겁게 놀이하는 동안 사회성이 발달할 수 있고, 밝고 명랑한 성격을 형성할 수 있기 때문에 스트레스를 해소하는데 도움이 될 수 있다(채종옥 외, 2005)

2. 전통놀이의 의의

가. 즐거움

나. 건강

다. 공동체 의식

라. 언어발달 촉진

마. 인지적 자율성

바. 상상력

사. 창의적인 표현 능력

아. 사회적 규칙

자. 전통노랫가락

3. 전통놀이의 교육적 가치

가. 건강증진

나. 진정한 자유의 욕구 충족

다. 자신감 형성

라. 정서적 긴장 해소

마. 친구와 협동적 관계

바. 경쟁적 관계 경험

4. 전통놀이지도사의 활동영역

가. 유치원

나. 어린이집

다. 초등학교 방과후 수업, 돌봄 교실 수업

라. 지역아동센터

마. 다문화가족지원센터

바. 복지관

사. 문화센터

아. 실버놀이교실

자. 창의인성마당 체험활동

차. 노인일자리사업

5. 전통민속놀이의 종류

설날/대보름 전통놀이

널뛰기 , 달맞이 , 다리밟기 , 바람개비 , 쥐불놀이 , 차전놀이 , 횃불싸움

1) 널뛰기

가. 놀이의 개관

긴 널빤지의 중간을 괴어 놓고, 양쪽 끝에 한 사람씩 올라서서 번갈아 구르며 공중으로 올라갔다 내려왔다 하는 놀이. 음력 정초(正初)를 비롯하여 5월 단오, 8월 한가위 등 큰 명절에 많이 했으며, 주로 여성들이 즐겨 놀던 놀이이다. 도구가 간단하고 좁은 공간에서도 쉽게 할 수 있어, 전국에서 즐겨하던 놀이이다. 가까운 일본 오끼나와현[沖繩縣] 류큐[琉球]에 전승되는 판무(板舞)도 이 놀이와 유사하다.

나. 놀이의 유래

널뛰기가 언제부터 시작되었는지는 문헌 기록이 없어 자세히 알 수는 없다. 그러나 그 시원(始原)에 대한 전설은 오랜 옛날부터 전해온다.

속설에 의하면 감옥에 갇힌 남편을 보기 위해 여성들이 담 밖에서 널뛰기를 하여 감옥 안을 넘겨다보았다는 이야기도 있고, 집안에 하루 종일 갇혀 있다시피 하는 여성들이 담 밖의 세상을 보기 위해 널뛰기를 했다는 이야기도 있다. 그러나 이런 이야기들은 놀이의 형태에 따라 후대에 만들어진 것으로 파악되고, 더 근원적으로 들어가면 널뛰기는 '디딜방아'의 원리와 같음을 알 수 있다. 이 디딜방아는 고구려 이전부터 있었던 것인데, 널뛰기가 디딜방아의 발전된 형태라면 널뛰기의 유래는 삼국시대 이전으로 추론할 수 있다.

구체적으로 문헌에 나오는 기록을 살펴보면, 유득공(柳得恭)의 《경도잡지(京都雜誌)》〈세시 원일조〉에 "항간에서 부녀자들이 흰 널조각을 짚단 위에 가로로 걸쳐놓고 양쪽 끝에 갈라서서 굴러 뛰는데, 그 높이가 몇 자씩 올라간다. 그때 패물 울리는 소리가 쟁쟁하고, 지쳐서 떨어져 나가는 것으로 낙을 삼으니, 이를 초판희(超板戲)라고 한다. 생각건대 주황의 《유구국기략》에 그곳 '부녀들이 널빤지 위에서 춤을 추는데, 이를 판무(板舞)라고 한다.'고 했는데 이것과 비슷하다. 조선 초에 유구(琉球)가 입조(入朝)할 때 어떤 이가 그것을 사모해서 본받은 것인지·"라고 기록하고 있다. 설날 풍속의 하나로 널뛰기를 소개하면서, 유구국(琉球國)에서 행하는 널뛰기가 고려 말엽부터 조선 초에 잦은 교류 과정에서 전래되었음을 제시하고 있다.

《동국세시기(東國歲時記)》〈12월조〉에도 널뛰기에 대한 기록이 있다. "저자에서는 부녀자들이 흰 널빤지를 짚단 위에 올려놓고, 널빤지 양끝에 두 여인이 마주서서 뛰면 한 사람은 올라가고 또 한 사람은 내려왔다 하며 여러 자를 올라간다. 또 그들은 힘이 빠져서 지치는 것을 낙으로 여긴다. 이것을 말하여 '도판희(跳板戲)', 즉 널뛰기라 한다. 이 놀이는 정월 초까지 한다. 상고하면 청(淸)나라 주황의 《유구국기략》에 말하기를 부녀자들이 널빤지 위에서 춤추는 것을 판무라고 한다고 하였으니, 이 풍속 놀이와 비슷하다."고 소개하고 있다.

그밖에 최남선(崔南善)의 《조선상식문답(朝鮮常識問答)》〈풍속편〉의 널뛰기조에 "활발용약으로 표현을 삼는 이 유희는 유교적 유한정정(幽閑靜貞)을 강요하던 후세에 산출한 바 아니오, 대개 기마격구라도 자유로 하던 우리 여성 고쇄기 이전의 고유한 민속"이라고 기록하고 있다. 최남선은 여기에서 널뛰기가 봉건제 이전에 시작되었음을 암시하고 있고, 유구의 판유희와 비교하면서 우리 나라에서 전파되었음을 주장하고 있다.

그밖에 조선 순조(純祖) 때 이낙하(李洛下)가 지은 《답판사(踏板詞)》에는 널뛰기하는 장면이 자세히 소개되어 있다. "매해 정월 초에 어린 여자들이 모여 긴 나무판자 가운데 밑을 짚덩이로 괴고, 나무판 양끝을 밟고 올라서서 서로 뛰어 노는 마을 풍속이 있다. 이를 일컬어 6답판놀이라 하는데, 2월까지 논다. 널을 뛸 때는 발에 꼭 맞는 짚신을 신고, 거추장스러운 긴치마는 입지 않는다. 2월 뜰 앞마당에서 널뛰는 모습을 보면 치마를 치마끈으로 바짝 가다듬고 담 위로 치솟는데, 높이 오를 때는 3척이나 이르게 된다. 담과 집은 보이지 않고 그 위로 솟았다 내려갔다 하는 아가씨의 모습만 보이니, 지나가던 사람이 어찌 발길을 멈추지 않으랴. 자색 빛깔의 새 배자를 입고 발을 거두고 방 밖으로 나와 머리카락을 휘날리며 뛰어 노는 아가씨의 모습이 어찌 황홀하지 않겠는가."

널뛰기에 대한 속담으로는 "정월에 널뛰기를 하면 그해에는 발바닥에 가시가 들지 않는다."고 하기도 하고, "처녀시절에 널을 뛰지 않으면 시집을 가서 아이를 낳지 못한다."는 말이 있다.

다. 놀이의 방법

널뛰기를 하려면 널빤지와 널 받침이 있어야 한다. 그리고 뛰는 방법은 단순히 뛰는 방법에서부터 다양한 기교를 부리는 방법까지 다양한데, 놀이도구와 뛰는 방법에 대해 나누어 살펴보자.

(1) 놀이도구

① **널빤지** ― 널빤지는 탄력성이 있고 견고한 나무로 하되, 일반적으로 중간이 두껍고 양끝이 좀 얇은 것이 좋다. 보통 길이는 5~6m, 너비 35~40cm, 두께 5cm 정도가 적당하다.

② **널 받침** ― 널 받침이란 널빤지 가운데를 괴어 놓는 것을 말하는데, 보통 '고이개'

라고도 한다. 보통 짚 묶음 또는 흙을 담은 가마니 같은 것으로 하며, 높이는 30cm 정도로 하는 것이 적당하다. 받침이 낮으면 널이 닿은 양쪽 땅이 파이기도 한다.

(2) 널뛰기 방법과 동작

① **널뛰기 방법** − 널빤지 양쪽에 한 사람씩 올라서서 처음에는 천천히 뛰기 시작한다. 널빤지 가운데 한 사람 혹은 두 사람이 올라앉아 널빤지를 널 받침 위에 고정시키는 작용을 하도록 한다. 만약 두 사람의 몸무게가 차이 나면 가벼운 쪽으로 널빤지를 길게 하는데, 이때 '밥을 더 많이 갖는다.'고 한다. 이런 과정을 거쳐 두 사람이 마주서서 번갈아 뛰면, 올라갔다 내려왔다 하는 탄력에 의해 몸은 점점 공중으로 높이 치솟게 된다. 이 놀이는 힘이 들어 오래 뛸 수 없기 때문에 번갈아 쉬었다가 뛴다.

② **널뛰기의 동작** − 다양한 동작이 있는데 뛰어올랐을 때 두 다리를 곧추펴고 뛰는 것을 '곧추뛰기'라고 하고, 두 다리를 앞뒤로 벌려 뛰는 것을 '가위발뛰기'라고 한다. 그리고 기술이 능숙하게 되면 뛰어올라 몸을 한바퀴 도는 것을 '데사리'라고 하고, 더 익숙해지면 공중에서 두 다리를 앞으로 내뻗치면서 상체를 앞으로 굽히는 '중등꺾기'와 한 바퀴 도는 어려운 동작을 하기도 한다.

라. 교과서 속의 놀이

이 놀이는 우선 체력향상에 도움이 된다. 특히 역동적이기 때문에 전신운동이 되고 또한 신체의 각 기능의 보강운동으로도 적당하다. 그리고 순환기 내부 기능이 향상되며 박자에 맞춰 뛰어야 하기 때문에 리듬감이 형성된다.

마. 기타

김용옥은 《태권도 철학의 구성원리》라는 책에서 널뛰기의 원리를 설명하고 있는데, 널뛰기를 해 본 사람은 이 원리를 이해할 수 있을 것이다.

"널을 처음 뛰다가 힘이 들어 그만두게 된다. 이는 자유낙하의 중력원리에 의해 그냥 정지하기 때문이다. 다시 말해서 널을 뛰는 양자가 단순한 중력(무게)을 가진 무게로만 존재할 때는 그 물체가 떨어져 진행방향의 전위가 일어나는 과정에서 너무도 에너지 손실이 크기 때문에 한두 번에 그칠 수밖에 없다. 다시 말해서 '널을 뛴다'는 현상은 두 물체의 상하작용으로서는 영원히 이루어질 수 없는 것이다. 그것은 물체와 물체의 상하작용이 아니라, 생명과 생명의 공방원리인 것이다. 떨어지는 사람은 널을 밟는 순간 단순히 자유낙하의 이상을 밟아야 하고, 올라가는 사람은 단순히 그 상대방의 낙하의 힘을 받아 올라가는 것이 아니라, 그 중력의 힘을 이용하되 그 떨어지는 순간, 바로 그 순간에 나의 생명 에너지의 약동에 의하여 튀어 올라가야 하는 것이다. 나의 튀어 올라감은 어디까지나 자발적인 것이며 상대방의 떨어짐(밟음)은 그 자발성에 대한 보조작용으로밖에는 기능할 수 없다. 그러나 상대방의 떨어짐(밟음)과 나의 올라감(튐)이 상승작용을 일으킬 때 물리적 함수 이상의 힘을 내어 솟구친다. 그리고 그러한 나의 몸의 에너지 보충은 매우 작은 것으로도 큰 힘을 낼 수가 있게 된다. 달인이 되면 별 힘을 안 들이고도 높이 솟구치게 된다. 그것은 역시 몸의 가장 자연스러운 형태(유연성·적합성)이며, 그것은 기(氣)의 타이밍의 예술인 것이다. 그리고 높이 치솟아 떨어지는 여인, 그 붉은 치맛자락에 감추어 있는 몸의 모습은 궁둥이가 좀 나오면서 몸 중심이 약간 밑으로 빠진 전형적인 기본자세를 취하고 있다. 그런 자세가 바로 위의 설명을 집약하는 형체이다.

※ 참고문헌

〈조선의 민속전통〉편찬위원회,《민속놀이와 명절》하권, 대산출판사, 2000.

윤학주 · 민영숙,《조선족민속운동》, 민속원, 1992.

심우성,《우리나라 민속놀이》, 동문선, 1996.

최상수,《한국의 씨름과 그네의 연구》, 성문각, 1996.

2) 달맞이

가. 놀이의 개관

정월 대보름을 맞아 높은 곳으로 올라가 남보다 먼저 달을 보고 소원을 비는 풍속. 단지 달을 보는 것이 아니라 '맞이'라고 하는 것은, 달을 귀하고 영험 있게 생각하여 손님을 맞듯이 달을 맞아들인다는 의미로 달맞이라고 한다. 상고시대부터 근세에 이르기까지 전국에 걸쳐 남녀노소 모두 행하던 놀이이다.

나. 놀이의 유래

설 명절 다음에 오는 명절은 정월 15일인 대보름 또는 상원(上元)이라는 명절이었다. 대보름 명절은 초하루부터 시작된 정초 명절이 끝나는 날이기도 하였다. 대보름을 명절로 맞았다는 기록은《삼국유사(三國遺事)》권1 〈기이(紀異)〉편 사금갑조(射琴匣條)에 기록되어 있다. 또 고려시대에는 대보름 명절이 9개 민속 명절의 하나로서 널리 일반화되었고, 그 전통은 그대로 조선시대까지 이어졌다.

대보름은 달의 명절이다. 따라서 새해에 들어서 첫 보름달은 다양한 풍속을 만들었는데 그 중에 으뜸이 달맞이였다. 이에 대한 기록은 여러 가지 세시풍속기(歲時風俗記)에 모두 기록되어 있는데, 구체적인 내용은 아래와 같다.

먼저 《동국세시기(東國歲時記)》〈상원조(上元條)〉에는 "초저녁에 횃불을 들고 높은 곳으로 올라가 달맞이하는 것을 영월(迎月)이라고 한다. 먼저 달을 보는 사람이 길하다. 그리고 달빛으로 점을 친다. 달빛이 붉으면 가물 징조이고 희면 장마가 들 징조이다. 또 달이 뜰 때의 형체(形體)·대소(大小)·심부(沈浮)·고저(高低)로 점을 치기도 한다. 또 달의 윤곽과 사방의 후박(厚薄)으로 1년 동안의 농삿일을 점친다. 달의 사방이 두꺼우면 풍년이 들 징조이고 엷으면 흉년이 들 징조이며, 조금도 차이가 없으면 평년작이 될 징조이다."라고 기록하고 있다.

또한 《열양세시기(洌陽歲時記)》〈상원조〉에도 "농촌의 이날 행사로는 초저녁부터 횃불을 올리고 무리를 지어 동쪽을 향하여 달리는 풍속이 있다. 이것을 영월, 즉 달맞이 놀이라고 한다. 또 달이 솟으면 달빛을 보고 그 해의 풍년 혹은 흉년을 점친다. ~중략~ 달빛이 알맞은 중황색이면 이 해는 대풍이 든다."라고 달맞이 놀이를 소개하고 있다.

그리고 서울의 풍속을 적은 《경도잡지(京都雜誌)》〈상원조〉에도 당시 서울의 달맞이 풍속을 "황혼이 되면 횃불을 올리고 높은 곳으로 오른다. 이것이 달맞이로서 달을 먼저 본 사람이 이 해에 길하다는 말이 있다."라고 적고 있다.

이런 풍속은 일제강점기에도 그대로 이어졌다. 무라야마 지준(村山智順)의 《조선의 향토오락》에는 전국에 걸쳐 달맞이를 하고 있음을 소개하고 있다.

다. 놀이의 방법

보름달이 뜨는 것을 보기 위해 높은 곳에 올라가 달을 맞고 그 달에게 새해의 소망을 비는 것인데, 지방마다 조금씩 차이가 있어 각 지방의 달맞이 방법을 소개하고자 한다.

충북 충주지방에서는 정월 14일에서 16일 사이에 만월이 되는 날 저녁에, 망월(望月)이라고 하여 되도록 높은 산봉우리에 올라 달뜨는 것을 보고 횃불을 흔들면서 "정월 대보름날 망월이어 망월이어"하고 외친다. 달 떠오르는 것을 남보다 먼저 보면 운수가 좋아서 총각은 장가를 들고 새신랑은 아들을 낳게 된다고 한다. 또 솔가지로 만든 달집을 달이 뜰 때 태우기도 한다.

황해도 해주지방에서는 횃불을 들고 높은 산꼭대기나 산중턱에 올라가서 달을 보고 절을 한다고 하고, 강원도 춘천에서는 싸리로 횃불을 만들어 들고 남보다 먼저 보려고 경쟁한다. 또한 상고 때부터 달을 보고 그해 길흉을 점쳤고 "신월이 원만하니 국태민안 가기로다. 요순지시에 일월광화하야 만민의 해온하니 이야 그때가 안인가"라고 노래한다고 한다.

평안북도 구성지방에서는 여자들이 달을 맞으러 높은 곳에 올라 달이 뜨면 거울에 달의 모습을 비춰본다고 하고, 부산 동래에서는 만약 달을 맞으러 높은 곳에 올라가지 못하고 집안에 있으면 자리를 깔고 냉수를 올린 다음, 동쪽의 달을 향해 빈다. 이때 부인이 종이를 태워 올리는 일도 있다고 한다.

경기도 광주에서는 달을 맞이하면서 "신수안과태평(身數安過太平)"이라고 외치는 곳도 있고, 아이들은 따로 작은 횃불을 만들어 나이 수대로 끈을 묶어 달이 뜰 때 그 횃불을 들고 달에 절을 한다고 한다.

전라북도 남원에서는 달맞이와 더불어 달집태우기를 하는데, 쌓아놓은 솔잎 한가운데에 대나무를 넣고 불을 붙이면 대나무가 타면서 폭음을 내는데, 이 폭음으로 마을의 악귀를 추방할 수 있다고 믿었다. 또 액년(厄年)에 태어난 아이의 저고리 동정을 떼어다가 이 불 속에서 태우면 액을 면할 수 있다고 전하기도 한다. 그밖에 전국적으로 달맞이와 달집태우기가 성행했는데, 대부분 횃불을 들고 높은 곳에 올라 달을 보고 한 해 운수를 점쳤으며, 가장 먼저 달이 뜨는 것을 본 사람이 운수대통한다고 믿었다.

라. 교과서 속의 놀이

새해를 맞아 지난해를 반성하고 다가올 한해를 설계할 수 있는 시간을 갖는 것은 자신을 돌아본다는 의미에서 값진 일이다. 또한 둥근 달을 보고 좋은 일이 있게 해 달라고 비는 가운데 교만을 떨쳐버리고 겸손을 배우는 계기가 된다. 그리고 커다랗게 떠오른 달이 세상을 환하게 비추는 것을 보며 자연에 대한 경외감을 갖게 된다.

마. 기타

예로부터 정월 대보름에는 달맞이를 비롯하여 많은 세시풍속과 놀이가 있어 왔다. 이는 우리들의 삶이 달과 무관하지 않다고 여겼기 때문이다.

대표적인 대보름 세시풍속으로 쥐불놀이, 과일나무 시집보내기, 용알 뜨기, 낟가리 대세우기, 횃불놀이, 약밥 만들어 먹기, 콩 볶기, 달집태우기, 배 고사 지내기, 잡곡밥 지어먹기, 나물 해먹기, 부럼 깨기, 연날리기, 바람개비 돌리기, 줄다리기, 놋다리밟기, 다리 밟기 등 그 수를 헤아릴 수 없이 많다. 이는 대보름이 갖는 의미가 그만큼 크기 때문으로 이해된다.

출처 : [네이버 지식백과] 달맞이 (문화콘텐츠닷컴 (문화원형백과 전통놀이), 2002., 한국콘텐츠진흥원)

3) 다리밟기

가. 놀이의 개관

정월 보름 저녁에 다리를 밟는 민속놀이. 이날 다리를 밟으면 1년 동안 다리[脚]에 병이 없고, 열두 다리를 밟으면 열두 달의 나쁜 기운을 몰아낼 수 있다는 주술적인 의미가 있다. 한자로는 '답교(踏橋)놀이'라고 하고, 강릉지방에서는 '다리빼앗기'라고도 한다.

나. 놀이의 유래

《동국세시기(東國歲時記)》〈정월 상원조(上元條)〉에는 서울 풍속으로 다리밟기를 묘사하고 있다. "정월 보름에 사람들은 다리를 찾아가서 밤을 새워가며 산책을 하는데, 행렬이 끊어질 줄 모른다. 이것을 답교(踏橋), 즉 다리밟기라고 한다. 혹자가 말하기를 교(橋)를 우리말로 하면 다리로서, 다리를 밟음으로 다리[脚]에 병이 일 년 동안 안 걸린다는 속담의 풍속이 있다. 다리를 밟을 때는 광통교와 작은 광통교 및 수표교에서 많이 성행한다. 인산인해(人山人海)를 이룬 군중들은 북을 치고 퉁소를 불며 법석이다."

이수광(李睟光)의 《지봉유설(芝峰類說)》에는 "정월 보름에 달이 뜨면 그해의 풍년이 들 것인가를 점치며, 또 그날 밤 다리밟기를 한다. 이 놀이는 고려 때부터 내려오는 것으로 평상시에 대단히 성행하였다. 남녀가 모여 들어차서 밤새도록 그치지 않으므로, 심지어는 법관이 그것을 금지하고 체포하기까지 하였다. 임진왜란 이후에는 이 풍속이 없어졌다."라고 당시의 상황을 설명하고 있다.

그러나 임진왜란 이후 사라졌던 풍속이 다시 되살아났다. 《정종실록(正宗實錄)》(1761년)에 "정월 보름 때 13일부터 사흘 동안 야간통행금지를 해제하고 숭례문과 흥인문을 잠그지 않고 시민이 성 밖으로 나가 다리밟기하는 것을 허락하였다."고 한 기록이 있고, "근년에 이르러서도 서울에는 서울 안에 있는 다리는 모조리 돌아다니며 밟는 풍습이 있었다."고 한다.

또한 김매순(金邁淳)의 《열양세시기(洌陽歲時記)》에는 "정월 보름날 저녁에 열두 다리를 건너면 열두 달 동안의 액(厄)을 막는 것이라 하여, 재상과 귀인으로부터 촌의 서민에 이르기까지 늙고 병든 사람 외에는 나오지 않는 이가 없다."라고 기록하고 있다.

그밖에 최상수의 《한국세시풍속(韓國歲時風俗)》에 의하면 "조선시대에 들어와 일부 양반들은 서민들과 어울리는 것이 싫다 하여 하루 앞서 14일 밤에 행하기도 하였는데, 이를 '양반다리밟기'라 하였다."고 특색 있는 다리밟기를 소개하고 있다.

이상의 기록으로 보아 다리밟기는 고려 때부터 시작된 놀이로, 남녀노소·귀천을 가리지 않고 1년 동안의 액막이를 한다는 주술적 속신(俗信)에 의해 행해졌다. 또한 밟는 다리[橋]와 사람 다리[脚]가 같이 발음되면서 다리의 병이 없기를 바라는 마음에서 행해졌다고 보인다.

다. 놀이의 방법

지방마다 조금씩 특색이 있다. 몇몇 곳의 풍습을 소개하면 아래와 같다.

① 함경북도 회령지방에서는 음력 정월 보름이면 다리밟기를 하는데, 자기의 나이만큼 왔다 갔다 하기를 되풀이하였다. 그렇게 한 뒤에는 저고리의 동정을 떼어 그 끝에 돈을 맨 다음 남이 보지 않는 사이에 그것을 다리 한 구석에 두고 갔다고 한다.

② 이와 비슷한 풍속이 전라북도 부안지방에도 있었는데, 이 지방에서는 오직 아이

들만 다리밟기를 하였다. 다리를 오가는 횟수도 역시 그 아이의 나이만큼 하였고, 동정에 돈을 매는 대신에 짚으로 만든 자루 속에 명태나 돈을 넣어서 다리 끝에 버렸다고 한다.

③ 함경남도 함흥지방에서는 만세교(萬歲橋)라는 긴 다리가 있었는데, 밤뿐만 아니라 낮에도 다리밟기를 하였다. 아이들은 낮에 하는 다리밟기를 더 좋아했다고 한다. 밤에는 만세교에 다리밟는 사람들로 빼곡이 차고, 노래를 부르거나 시를 읊는 사람도 많았다고 한다.

④ 특이한 다리밟기로 강릉에서는 다리 위에서 청년들이 격전을 벌였다. 즉 다리를 사이에 두고 이웃 마을과 대치하였는데, 이때 힘이 센 사람을 앞에 세우고 서로 상대방을 밀고 잡아당겨 다리를 빼앗는다. 이 과정에서 상대편을 다리 아래로 떨어뜨리기도 하였다. 이를 '다리빼앗기'라고 하는데, 위험하기 때문에 중지되어 지금은 전하지 않는다.

⑤ 그밖에 충남 청양지방에서는 징검다리의 돌인 '노둣돌'을 밟는 놀이를 한다. 주로 부녀자들이 정월 14일에 노둣돌로 만들어진 징검다리를 여러 번 밟으며 오갔다. 이 놀이를 하면 무좀이 없어진다는 속설이 있어 서로 밟으러 갔다고 한다.

⑥ 다리를 건너는 방법도 지방마다 조금씩 달랐는데, 서울에서는 다리를 모조리 건너기도 하고, 열두 다리를 건너기도 했다. 다리 셋을 건너는 지방도 있고 어떤 지방에서는 제일 큰 다리나 제일 오래 된 다리를 자기의 나이 수대로 왕복하는 곳도 있다. 이밖에 다리를 건너는 동안 횃불을 들고 다니다가 꺼지지 않으면 행운이 온다고 믿는 지방도 있었다.

라. 교과서 속의 놀이

추운 겨울은 몸과 마음이 움츠러들기 쉽다. 이런 때에 조상들의 오랜 전통을 직접 체험하기 위해 밖으로 나가 다리를 밟으며 한해를 계획하고 다가올 새해를 맞이한다면 의미 있는 시간이 될 것이다.

마. 기타

조선 숙종(肅宗) 때 학자인 김창업(金昌業)이 지은 〈답교가(踏橋歌)〉가 《노가재집(老稼齋集)》에 수록되어 있어 소개한다.

장안이 왠지 소란스러운가 / 오늘밤 답교놀이가 있구나

길 위로 달이 떠오르니 / 노랫가락과 부는 소리가 저절로 흥겹도다.

밝은 달 그림자 / 넓은 시냇가 푸른 누각에 드리웠는데

누 위에는 노래와 춤이 한창이고 / 다리 위에는 답교놀이가 벌어졌구나.

장안의 냇물은 동서로 흐르는데 / 밝은 달 아래 여기저기 배회하니

생황과 노랫소리는 흥겹게 들리는데 / 공손히 다리 위를 걷다가 돌아오네.

※ 참고문헌

고려대학교 민족문화연구소《한국민속의 세계》5권, 고대민족문화연구소 출판부, 2001.

4) 바람개비

가. 놀이의 개관

바람의 힘으로 돌아갈 수 있게 만든 바람개비를 가지고 돌리며 노는 놀이. 지방에 따라 '팔랑개비'라고도 하고, '도르라미'라고 부르기도 한다. 전국적으로 행해지던 놀이이며, 아주 오랜 역사를 가진 놀이이다.

나. 놀이의 유래

바람은 비와 관계되고 비는 곧 농사와 연관이 있기 때문에, 예로부터 바람에 대해 각별한 관심을 기울였다. 〈단군신화〉에는 환웅(桓雄)이 하늘에서 지상의 인간을 다스리러 내려올 때, 바람신 풍백(風伯)을 거느리고 왔다고 기록되어 있다. 동해안지방에서는 '영등할미'라 해서 바람신을 위하고 있다. 뿐만 아니라 하늬바람·높새바람·샛바람·마파람·비바람 등 바람에 관한 명칭이 많다는 것은 그만큼 바람에 민감했음을 나타낸다고 할 수 있다.

《세조실록(世祖實錄)》권30에 보면 "우리 나라에서는 오래 전부터 정월 대보름을 앞두고 새해 풍작을 기원하여 벼·기장·조·보리·콩 등 오곡의 이삭을 볏짚 주저리와 함께 긴 장대에 매달아 마구간 옆이나 대문간 앞에 세우고, 이때 낟알 이삭 밑의 장대에는 바람개비를 만들어 달았는데 이를 '보름볏가리'라고 한다."고 씌어 있다. 또 《동국세시기(東國歲時記)》〈정월 상원조(上元條)〉에는 "아이들이 정월 대보름이 지나면 연날리기를 그만두고 오색 종이에 풀칠을 하여 대나무 가지의 양끝에 붙이고, 자루 끝에 구멍을 뚫고 연결하여 빙빙 돌도록 만든다. 그것을 '회회아(回回兒)'라 하며 혹은 바람개비라고도 한다. 이런 것은 저자에서도 많이 팔고 있다."라고 기록되어 있다.

위의 두 기록에서 바람개비는 두 가지의 의미를 담고 있음을 볼 수 있다. 전자(前者)는 예로부터 내려오는 풍년을 바라는 주술적(呪術的)인 의미로서의 바람개비이고, 후자(後者)는 주술적인 의미가 약화되고 놀이적인 요소가 강화된 바람개비인 것이다.

언제부터 이 놀이가 시작되었는지 정확한 기록은 없지만 위의 두 가지 기록으로 볼 때, 아주 오래 전에 눈에 보이지 않는 바람의 형상을 구체적으로 보기 위해 주술적인 의미로 바람개비를 만들어 돌리다가 점차 놀이의 요소만 남게 되어 오늘에 이른 것으로 추정된다.

다. 놀이의 방법

(1) 바람개비 만들기

바람개비는 다양한 형태가 있는데 크게 나누면, 손에 쥐고 달리면서 돌리는 것과 장대 끝에 달아매서 돌리는 것, 공중으로 날려보내는 것이 있다. 장대 끝에 달아매서 돌리는 것은 위의 유래에서 보이는 것과 같이 '보름볏가리'의 바람개비이고, 실제로 만들어 돌리는 것은 손에 쥐고 달리면서 돌리는 것과 공중으로 날려보내는 것이 있다.

① 네 날개 바람개비

(ㄱ) 색종이와 같이 정사각형의 네모난 종이와 막대, 핀을 가지고 만든다.

(ㄴ) 먼저 색종이의 네 각을 접어 접힌 자리를 표시한다.

(ㄷ) 접힌 자리를 끝으로 중심점을 향하여 3/5 정도 가위로 자른다. 그러면 8개의 각이 생기는데 한 개씩 건너 네 개의 끝을 종이의 중심점에 모아 축에 꿰면 완성된다.

이때 종이의 네 각을 둥글게 접어야 바람을 많이 받아 잘 돈다.

② 두 날개 바람개비

(ㄱ) 수수깡이나 얇은 나무를 깎아 종이를 붙여서 만든다. 먼저 길이 10cm 정도, 두께 5mm 정도 되는 얇게 깎은 나무막대기의 중심에 축을 연결할 수 있도록 구멍을 뚫는다.

(ㄴ) 깎은 나무의 양옆에 서로 대칭 되게 조금 빳빳한 종이를 5×6cm 정도 크기로 두 개 붙인다. 이때 한쪽은 오른쪽에, 다른 쪽은 왼쪽에 붙인 다음, 나무막대기의 중심축에 연결하면 된다.

(ㄷ) 종이가 평면이면 바람을 잘 타지 않기 때문에 작은 나뭇가지로 감았다가 놓으면 더 잘 돌아간다.

③ 공중 바람개비

공중으로 날게 만든 바람개비는 대나무로 깎은 타원형의 날개를, 손잡이 위에 장치한 굴대의 힘으로 날아가게 만든 것이다.

(ㄱ) 바람개비의 날개는 바람의 힘을 많이 받을 수 있도록 가운데 부분은 좀 두텁게 하고 양끝으로 가면서 점차 얇게 깎는다. 그리고 서로 엇비스듬하게 놓이도록 하며, 굴대의 고정 못에 들어맞게 두 개의 구멍을 낸다.

(ㄴ) 굴대는 실을 감을 수 있게 하며 날개를 설치할 수 있는 두 개의 고정 못을 박아놓는다.

(2) 바람개비 날리기

보통 10세 전후의 어린아이들은 손에 쥐고 돌리는 네 날개 바람개비나 두 날개 바람개비를 많이 가지고 놀고, 15세쯤 되어 손재간이 어느 정도 있는 아이들은 공중바람개비를 만들어 날린다.

보통 바람개비를 가지고 정해진 곳까지 이어달리기, 선 자리에서 누구의 바람개비가 더 잘 돌아가는지 겨루기 등을 하는데, 승부보다 자기가 만든 바람개비가 잘 도는 것을 재미로 삼았다. 입에 물고 바람이 부는 방향으로 뛰기도 한다.

라. 교과서 속의 놀이

바람개비는 만드는 과정에서 지능을 계발시키고 손을 사용하는 기술을 발달시킨다. 또 바람의 방향과 물체운동에 대한 지식을 넓혀주며 바람개비를 쥐고 달리면서 체력도 단련되는 유용한 놀이이다.

마. 기타

요즘 아이들은 민들레 씨앗을 따서 바람에 날리면 홀씨가 하늘로 높이 날아가는 것을 보고 즐거워한다. 옛날에도 이와 비슷한 놀이가 있었는데《동국세시기》〈상원조〉에 "아이들은 생명주실 한 오라기로 거위의 솜털을 묶어 바람을 타고 날린다. 이것을 고고매(姑姑妹)라고 한다. 이 말은 몽고말로 봉황(鳳凰)이란 뜻이다."라고 기록되어 있다. 이것으로 보아 가벼운 것을 날리기를 좋아한 것은 예나 지금이나 변함이 없는 것 같다.

※ 참고문헌
심우성,《우리나라 민속놀이》, 동문선, 1996.
한성겸,《재미있는 민속놀이》, 금성청년출판사/평양종합인쇄, 1994.
과학원/고고학 및 민속학 연구소,《조선의 민속놀이》, 푸른숲, 1988.

5) 쥐불놀이

가. 놀이의 개관

정월 첫 쥐날[上子日] 저녁에 쥐를 쫓기 위하여 논둑이나 밭둑에 불을 놓는 놀이. '논두렁 태우기' 또는 '쥐불놓기'라고도 한다. 이 놀이가 발전하여 깡통에 불을 담아 돌리며 불을 여기저기 옮겨 붙였는데, 산불을 염려하여 금지한 후로 지금은 거의 사라진 놀이가 되었다. 이 놀이는 각 지방마다 액을 막고 복을 비는 제액초복(堤厄招福)과 풍년을 기원하는 바람이 표출되어 있다. 일반적으로 쥐불의 크고 작음에 따라 그해의 풍흉 또는 그 마을의 길흉을 점치기도 하는데, 불의 기세가 크면 좋다고 하여 각 마을이 서로 다투어가며 불 기세를 크게 한다. 황해도지방에서는 마을 소년들이 두 패로 나뉘어 둑을 경계로 하여 한편에서 불을 놓으면 한편에서는 불을 꺼나가는 놀이를 하였다. 지는 편 마을로 이긴 편 마을의 쥐가 모두 쫓겨가기 때문에, 이긴 편 마을에서는 농작물에 해를 입지 않아 풍년이 든다고 믿었다. 충남 금산의 경우 논둑이나 밭둑을 태우면 한 해의 액을 쫓아낸다고 믿고 있으며, 청양지방에서는 쥐불놀이를 하면 여자의 경우 밥을 할 때 치맛자락을 태우지 않고, 남자는 담뱃불로 옷을 태우지 않으며, 1년 동안 무병하고 손과 발의 무좀이 없어진다고 믿고 있다. 그밖에 여자들이 아주까리 대에다 머리카락을 매달아 불을 붙여 들고 집 주위를 "쥐 짖자."하고 외치며 돌아다닌다. 이것은 쥐는 눈이 밝기 때문에 항상 밤에만 활동하므로 그 밝은 눈을 불로 지져 쥐의 눈을 멀게 해서 활동하지 못하게 하자는 일종의 주문인 셈이다.

나. 놀이의 유래

새해 들어 첫 쥐날인 상자일(上子日)에 쥐와 관련된 풍속이《동국세시기(東國歲時記)》〈정월조(正月條)〉에 소개되고 있는데, 콩을 볶으면서 "쥐 주둥이 지진다. 쥐 주둥이 지진다."고 주문을 외웠다고 하며, 충청도 풍속에 떼를 지어 횃불을 사르는데 이를 '훈서화(燻鼠火)'라 한다고 기록하고 있다.

불깡통놀이는 쥐불놀이와 함께 행해졌던 놀이인데 노인들의 증언에 의하면, 그 유래는 6·25전쟁 이후에 생겨났다고 한다. 즉 전쟁 중에 공수된 군수물자 가운데 각종 통조림이 있었는데, 그 깡통을 놀이도구로 이용하면서 자연스럽게 쥐불놀이와 결합되었다고 한다.

풍년을 기원하고 나쁜 액을 몰아내고자 하는 바람이 마침 쥐날에 쥐가 무서워하는 불과 만나 만들어낸 이 놀이는, 농경사회가 점차 약화되면서 서서히 자취를 감추게 되었고 정월 대보름 저녁 이벤트행사의 일환으로 행해지면서 명맥만 유지되고 있다.

다. 놀이의 방법

별다른 놀이방법은 없고 보통 몽땅 빗자루나 나무를 묶어 만든 다발에 불을 붙여 들고 마을 근처의 논밭 두렁에 불을 지르며 노는 것이다. 불을 지르며 이웃 마을 사람들과 마주치게 되면 다툼이 벌어지고, 경우에 따라서는 횃불싸움으로까지 번지기도 한다. 지방에 따라서는 2자 정도의 쑥으로 만든 불쏘시개를 가지고 이곳저곳을 뛰어다니며 불을 놓기도 하고, 근래에는 불깡통을 돌리기도 한다.

불깡통을 만들려면 먼저 빈깡통 표면에 대못으로 수십 개의 구멍을 뚫는다. 구멍을 뚫는 이유는 공기를 잘 통하게 해서 깡통 안에 있는 관솔이나 나뭇가지가 잘 타도록 하기 위함이다. 깡통에 구멍을 뚫고 나면 1m 정도 되는 철사 줄을 깡통의 양쪽에 연결하여 손잡이를 만든다. 이렇게 해서 불깡통이 만들어지면 깡통 안에 나무를 넣고 불을 지핀다. 그리고 한 손으로 줄을 잡고 힘차게 돌리면 깡통에 넣은 연료가 타면서 마치 불덩이가 춤을 추듯 아름다운 불꽃을 연출한다.

아이들은 불깡통을 돌리며 누구의 불이 더 잘 타오르나 경쟁을 하기도 한다. 홰나 짚단 대신에 불깡통을 이용하여 쥐불을 놓으면 쉽고 간편하기 때문에 근래에는 불깡통 돌리기가 더 많이 행해졌다. 그래서 불깡통 돌리기가 쥐불놀이로 이해되기도 하였다.

깡통 돌리기가 어느 정도 진행되다가 자정이 가까워지면 불깡통에 넣은 나무가 모두 타올라 밑에는 불씨만 남게 된다. 이때 떼를 지어 낮은 동산 위로 올라가 하늘 높이 불깡통을 던지면, 깡통에 남아 있던 수백 개의 불꽃이 떨어지면서 밤하늘을 화려하게 수놓는다.

연을 날려보냄으로써 액운을 물리칠 수 있다고 믿는 것과 같이, 불깡통을 마지막에 던져버리는 것도 액을 보내고 복을 맞이하기 위함으로 이해할 수 있다.

라. 교과서 속의 놀이

혼자서 즐길 수 있는 놀이가 있고 여럿이 어울려야 제 맛이 나는 놀이가 있다. 쥐불놀이는 여럿이 어울려 이리 뛰고 저리 뛰면서 불을 놓고 불깡통을 돌리는 가운데 신명이 난다. 공동체 의식은 말로 설명되어지는 것이 아니라 함께 다양한 문화를 체험하면서 얻게 되는 것이다. 이 놀이를 통해서 놀이의 신명과 더불어 집단 구성원으로서의 소속감과 공동체 의식이 길러진다.

마. 기타

쥐불놀이는 단순한 대보름 놀이가 아니라 우리 민족의 건강한 삶의 지혜가 녹아 있는 미풍양속이라 할 수 있다. 즉 마른풀을 태워서 풀잎에 붙어 있던 해충의 알과 잡균 · 유충 따위를 태워 없애고, 언 땅에 온기를 주어 새 풀이 잘 돋아나게 하려는 과학적인 사고가 담겨 있다. 따라서 곡물의 병충해를 그만큼 줄일 수 있으니 농사에도 좋을 뿐 아니라 잡균을 태워 죽이니 위생 · 방역의 측면에서도 일거양득의 효과를 얻을 수 있었던 것이다.

※ 참고문헌

이철수,《우리놀이 백가지》, 현암사, 1999.

6) 차전놀이

가. 놀이의 개관

음력 정월 보름에 행해지는 민속놀이의 하나. 차전(車戰) 놀이는 외바퀴수레(춘천지방)나 동채(안동지방)에 사람을 태우고 수레를 밀어내거나 동채를 땅에 끌어내리거나 부수는 것을 겨루는 놀이이다. 춘천과 가평에서는 '수레싸움', 안동에서는 '동채싸움'이라고 하였다. 1969년 중요무형문화재 24호로 지정된 안동 차전놀이가 대표적이다.

나. 놀이의 유래

차전의 기원을 객관적으로 알려주는 자료는 전하지 않는다. 다만 다른 대동놀이들과 마찬가지로 몇 가지 기원전설이 전승되고 있는데, 이 기원전설과 연관된 기록자료들이 전해지고 있을 따름이다.

기원전설은 다양하지만 모두 견훤(甄萱)과 왕건(王建)·삼태사(三太師)와 연관된 이야기이다. 이는 당시 기록과 일정 부분 일치하여 설득력을 가지고 있다.

《삼국사기(三國史記)》권12 〈신라본기(新羅本紀)〉에 "고려 태조(太祖) 왕건은 930년 고창군(안동군) 병산에서 후백제왕 견훤과 싸워 크게 이겼다. 이때 고을 사람 권행(權幸)·김선평(金宣平)·장길(張吉)(고려 건국 후 삼태사로 봉해짐) 등은 여러 개의 수레를 만들어 타고 싸워 후백제군을 크게 격파했다."고 기록되어 있다. 이 병산전투가 끝난 후 이 지방 주민들은 용감한 세 사람의 승리를 기념하기 위해, 새해를 맞으면서 동채싸움을 즐기기 시작한 데서, 차전놀이의 유래가 되었다고 한다. 그러나 차전놀이가 단지 위와 같은 역사적인 사실에서 비롯되었다고 단정하기는 어렵고, 다양한 가능성을 염두에 두어야 할 것이다.

다양성의 첫 번째는 전설의 내용대로 병산전투의 승전 기념잔치에서 처음 시작되었을 것이라는 가능성이다. 두 번째는 원래 지게를 포함하여 수레·가마 등의 나무기구를 이용하는 놀이가 전승되던 중, 병산전투의 승전 기념잔치에서 행해짐으로써 보다 강한 전승력을 갖고 세시행사로 정착되었을 가능성이다. 그리고 세 번째는 병산전투와 무관하게 오래 전부터 행해지다가 누군가에 의해 병산전투와 관련된 전설이 덧붙여지게 되었다는 가능성이다.

어느 것이 사실일 것인지 확인하기는 어렵지만, 무리하게 기록된 자료에 꿰어 맞추기보다 정월 대보름이라는 새해맞이 축제의 공간에서 마을사람 모두를 하나로 묶어주는 대동놀이로서 오랜 세월 지속되어 왔고, 기록 및 전설자료들은 '강강술래'나 '월

월이청청'과 같이 전승력을 확보하는 과정으로 이해하는 것이 바람직하다고 여겨진다.

《동국세시기(東國歲時記)》〈정월상원조(正月上元條)〉에는 안동이 아닌 춘천에서 행해지던 차전이 기록되어 있다. "춘천지방에서는 차전을 하는 풍습이 있다. 외바퀴수레를 만들어 마을별로 편을 짜서 서로 앞으로 밀고 나가면서 싸우는 것으로, 차전에서 패하여 쫓겨가는 편에는 그 해에 흉년이 든다고 한다. 가평 풍습도 이와 같다."

그밖의 기록으로는 안동지방의 풍속을 기록한 《화산지》에 "차전은 석전(石戰)과 같은데 동차가 서로 부딪쳐 싸워 먼저 부서지는 편이 지게 된다."라고 16~17세기 행해지던 안동에서의 차전의 모습을 설명하고 있다. 임만휘(林萬彙)가 지은 《만문유고》에는 차전에 관한 시가 전해져 18~19세기의 차전 모습을 엿볼 수 있게 한다.

"벼락치듯 빠른 놀림 이길 틈을 엿보며 / 엎치락뒤치락 좋은 날 좋은 시비 / 나갈 때나 물러설 때 하해의 파도인 듯 / 솟구쳐 오를 때는 새매가 나르는 듯 / 한바탕 버마재비 짓에 바람 끝이 뒤따르고 / 겹겹의 사람 숲엔 달빛이 비추이네 / 서북편이 이겼는가 개선소리 놀랍구나 / 골골의 장정들이 춤을 추며 돌아가네."

이러한 차전이 고려시대 이래로 줄곧 행해지다가 일제강점기에 중·일전쟁으로 중단되었고, 지금은 다행히 문화재로 지정되어 그 맥을 이어가고 있다.

다. 놀이의 방법

정월 대보름에 주로 하는 이 놀이는, 놀이방법과 놀이도구가 지역에 따라 크게 둘로 나누어진다.

(1) 춘천의 외바퀴 수레싸움

① 춘천에서는 수레싸움을 했다. 물론 마을 대항의 집단 대동놀이였는데, 먼저 두 마을의 원로들이 만나 놀이할 날짜와 시간, 장소를 정한 다음 놀이가 시작되었다. 놀이에는 마을의 청장년들이 모두 참가하였고, 마을사람이 모두 나와 응원도 하고 거들기도 하였다.

② 각 마을에서는 외바퀴수레를 만들어, 그것을 서로 앞으로 밀고 나가면서 상대편의 수레를 밀어낸다. 힘이 모자라 수레가 밀리는 편이 지게 되고, 이긴 쪽에서는 상대편 수레를 부숴버림으로써 승부가 나게 된다. 지게 되면 그해에 흉년이 든다고 믿었다. 치열한 접전이 벌어져 부상자가 속출하기도 했다.

③ 그밖에 춘천에서는 '초헌(軺軒) 태우기' 놀이도 하였다. 음력 정월 보름이 되면 청년들이 초헌(조선시대 종2품 이상 관리들이 타고 다닌 외바퀴수레)을 만들어 동네를 지나가는 사람을 한참 끌고 다니다가, 그 사람의 절을 받은 다음에 돌려보냈다고 한다. 이것은 차전을 할 때에 적을 포로로 잡아 항복을 받던 것이 놀이로 변한 것으로 보인다.

(2) 안동의 동채싸움

① 추수가 끝나고 동·서부 유지들이 만나 새해 차전을 할 것을 결정하면, 각 마을에선 준비위원을 구성한다. 먼저 차전에 사용할 나무를 구하기 위해 사람을 뽑고 그 사람은 산에 가서 적당한 나무에 표시를 해두고 온다. 음력 정월 초순에 다시 목수와 인부가 함께 가서 표시한 나무를 베어오는데, 베기 전에 반드시 산신께 고사를 지내고 벤다.

② 베어온 나무로 동채를 만드는데, 원로의 지휘를 받아 목수들이 만들었다고 한다. 긴 나무의 윗머리를 엇갈리게 하여 여러 겹 밧줄로 든든하게 비끄러매서 만든다. 그

다음 비끄러맨 부분 밑의 중간에 1미터 정도 너비의 판자를 건너대고 그 위에 볏짚으로 짠 멍석 깔개를 깔았다. 이것은 편싸움을 지휘할 대장이 올라설 자리가 된다. 동채의 크기는 상황에 따라 크기가 조금씩 다른데 대체로 그림과 같다.

③ 놀이는 보통 오후 1시경에 시작하는데, 정한 시간이 되면 가장 혈기왕성한 청장년들이 동채를 메고 미리 정해놓은 넓은 들판으로 나아간다. 이때 싸움 장소 주위에는 동부·서부 양부의 수만 군중이 운집하여 인산인해를 이룬다.

④ 대열의 앞장에는 힘이 센 젊은이들이 팔짱을 끼고 대형을 지어 전진하였는데, 이들을 '머리꾼'이라고 한다. 머리꾼은 적진을 뚫고 들어가면서 자기편의 동채와 대장을 상대편의 공격으로부터 지켜내는 역할을 한다. 동채를 멘 사람들을 '수레꾼'이라고 하는데, 이들은 '앞채꾼'과 '뒤채꾼'이 있었다. 수레꾼들은 앞뒤에서 동채를 메고 대장의 지휘에 따라 앞으로 나아가거나 물러서기를 되풀이한다. 대장은 동채 위에 올라서서 왼손에는 동채머리에 맨 끈을 쥐고 오른손으로 지휘를 하면서 상대편을 공격하였다. 지휘할 때 구령을 하지 않고 오른손으로 신호를 보낸다. 보통 '앞으로' 하면 전진이고, '뒤로' 하면 후진이며, 뒤에서 '좌우로 흔들면' 회전하라는 신호가 된다.

⑤ 머리꾼과 수레꾼들은 상대편을 정면 또는 측면으로 밀거나 뒤로 물러서기를 하는데, 이들 옆에 '놀이꾼'도 가담한다. 이들은 형세를 보아 머리꾼이나 동채꾼으로 가담한다. 이때 동채 앞머리에 선 머리꾼들은 상대편 진지를 뚫고 들어가 상대편의 지휘자를 끌어내리든가 상대편의 동채를 눕히는 돌격대의 역할을 한다.

⑥ 이 놀이에는 엄격한 규칙이 있다. 대장은 손으로 대오(隊伍)를 지휘할 뿐 상대편의 동채머리를 붙잡지 못한다. 머리꾼들은 팔짱을 끼고 상대편을 밀고 나갈 수 있으나, 상대편 머리꾼이나 동채꾼에게 손질·발질을 못한다. 그러므로 머리꾼들은 절대로 팔짱을 풀면 안 된다. 그러나 실제 놀이상황이 되면 이와 같은 규제는 지켜지지 않고, 격투가 벌어져 부상자가 속출하기도 하는데, 일제는 이를 빌미로 놀이를 탄압하기

도 하였다.

⑦ 동채가 땅에 닿거나 동채를 빼앗겼을 때는 지게 되는데, 옛날에는 상대편 동채를 부숴야 이기도록 했다고도 한다. 싸움에서 이기면 그해 풍년이 든다고 여겨 모두 최선을 다했고, 응원하는 사람도 서로 "동부 이겨라" "서부 이겨라"를 목청을 외쳤다. 이 때 시집은 서부이고 친정은 동부인 부인의 경우, 동부를 응원하는 관습이 있어 차전의 승부 때문에 싸움이 일어나기도 했다고 한다. 이긴 편은 머릿수건과 신발을 하늘 높이 던지면서 환호를 했고, 하루 종일 노래와 춤을 즐기며 놀았다고 한다.

라. 교과서 속의 놀이

한마음 한뜻이 되어 상대를 공격하고 방어하는 대동놀이는 진취적인 기상뿐 아니라 공동체에서 자신의 역할을 가장 잘 일깨워준다. 힘든 줄도 모르고 소리 지르고 힘을 쓰는 가운데 신명이 고조되고 저절로 운명 공동체의 성원으로 자각하게 되는 것이다.

이 놀이는 농경사회에서는 마을 단위의 공동체 정신을 일깨웠다면, 오늘날에는 학교 또는 학급 단위의 공동체 정신을 일깨우는 좋은 계기가 될 것이다.

마. 기타

차전에 얽힌 전설에 대하여 1967년 《무형문화재 조사보고서(無形文化財調査報告書)》에서 임동권(任東權)은 아래와 같이 소개하고 있다.

"옛날 후백제의 왕 견훤은 지렁이였다. 지렁이가 사람이 되어서 안동에 왔다. 안동 사람들은 이 지렁이를 몰아내기 위해서 소금 배를 풀어 낙동강 물을 짜게 만들고, 안동 읍민이 모두 나와 팔짱을 끼고 어깨로 지렁이를 밀어 강물에 떨어뜨렸다. 그랬더니 지렁이는 짠물에 들어가 죽고 말았다. 이 일이 있은 후로 안동 사람들은 지렁이를 떠밀 때처럼 떼지어 차전놀이를 하였으니, 놀이를 할 때는 손을 쓰지 않고 팔짱을 낀 채 어깨로 서로 밀어낸다고 한다."

※ 참고문헌 _ 문화재연구회,《중요무형문화재 2-연극과 놀이》, 대원사, 1999.

7) 횃불싸움

가. 놀이의 개관

정월 대보름에 농촌에서 이웃 마을끼리 횃불을 들고 싸우는 놀이. 싸움에 이기는 쪽이 한해에 길(吉)하다고 믿고 전쟁을 방불케 하는 싸움이 벌어지는데, 보통 쥐불놀이 · 달맞이 · 달집태우기에 이어서 행해진다. 한자로 거화희(炬火戲)라고 하고, 전국적으로 행해지던 놀이이다. 아이들만 하는 단순한 형태에서부터 청년까지 가세하는 조금 큰 형태, 온 마을이 가세하는 대규모의 싸움까지 다양하다.

나. 놀이의 유래

불은 동 · 서양을 막론하고 어두운 세력을 물리치고 보다 밝은 것을 인간 생활에 가져다주는 것으로 신성시하였다. 풍요다산(豊饒多産)의 상징인 만월(滿月) 아래에서 횃불싸움을 벌이는 것은, 보다 풍요한 새해를 맞이하려는 소망의 표현인 것이다.

이 놀이에 대한 문헌기록으로《동국세시기(東國歲時記)》〈정월 상원조(上元條)〉에 "

충청도 풍속에 횃불싸움이 있었다."고 기록되어 있고,《중종실록(中宗實錄)》에는 혼인식 거행에서 서로 다투어 횃군을 많이 세워 격에 맞지 않게 사치하는 폐단을 금지하기 위하여, 신분에 따라 횃군의 수효를 제정한 조목이 있다. 같은 맥락에서 조재삼(趙在三)의《송남잡지(松南雜識)》에 보면 북관의 풍속으로 견마전(牽馬戰)이라는 것이 있는데, 이것은 서울 근방에서 행하는 횃불싸움과 비슷한 것이라고 하여, 결혼풍습의 일환인 횃불싸움을 소개하고 있다.

그리고 유만공(柳晩恭)의《세시풍요(歲時風謠)》에는 횃불싸움에 대해 비교적 상세하게 기록하고 있다. "밝고 밝은 횃불이 언덕 위에 밝으니 / 부르고 대답하는 많은 무리의 아이들이 줄을 이은 소리더라 / 절하고 꿇어앉고 금방 신선 같은 달을 맞이하던 무리들이 / 추격하고 달아나서 홀연히 불로 공격을 하는 병사가 되었다 / — 산촌에 여러 아이들이 횃불을 켜고 달을 맞이하다가 이내 편으로 나뉘어서 서로 공격하는 것을 화전(火戰)이라고 한다."

그밖에 차상찬(車相瓚)의《조선사외사(朝鮮史外史)》에 "횃불싸움은 옛날 우리 조선에서 가장 보편적으로 유행하던 풍속으로, 팔도 각지에서 행해지는 놀이이지만 내가 알기에는 강원도에서 가장 격렬하게 행한 것 같다."라고 기록되어 있다. 함경도 북청 지방에서는 횃불싸움을 '관원놀이'의 한 부분으로 포함시켜 진행하였다고 한다.

다. 놀이의 방법

보통 두 개의 마을이나 집단이 밤에 횃불을 들고 싸움을 하는데, 경북 청송군 현서면 구산리와 천천리의 횃불싸움과 광주지역의 횃불싸움을 소개하면서 놀이방법을 대신한다.

① 경북 청송군 현서면의 횃불싸움

"구산리와 천천리는 해방 무렵까지 횃불싸움을 했었으나, 그 이후 전승이 중단되었다.

(ㄱ) 보름 자시(子時)에 '정자 낭기'에서 정숙하게 동제(洞祭)를 올린다. 다음날 아침에는 제관 집에서 음복을 하고 마을회의를 한다. 마을회의가 끝나면 풍물을 치고 지신밟기를 시작한다.

(ㄴ) 오후가 되면 마을의 청소년들은 마을에서 가장 높은 산으로 올라가 삼간초옥 크기의 달집을 만든다. 달이 떠오르면 달집을 태우며 소원을 빈다. 새해 처음으로 떠오르는 달의 색깔이 붉으면 가물어서 흉년이 들고, 희면 물이 많아서 풍년이 든다고 믿었다.

(ㄷ) 달집태우기가 끝나면 바로 마을로 내려와서 횃불싸움을 시작한다. 먼저 열 서너 살 먹은 아이들끼리 강변의 공터에 모여 싸움을 시작하면, 이어서 30~40대까지의 장정들이 100여 명 모여 본격적인 횃불싸움을 시작한다. 미리 만들어 놓은 홰를 빙빙 돌리면서 싸움이 시작되면 양편의 부녀자들과 노약자들은 각기 풍물을 치면서 자기 편을 응원한다. 처음에는 홰를 돌리면서 상대편을 위협하다가 싸움이 격렬해지면 홰로 상대편을 내리쳐서 사람이 다치기 일쑤였다. 이렇게 두어 시간쯤 싸움을 하다보면, 어느 편이 도망가거나 홰가 많이 꺼져서 싸움이 끝나게 된다.

(ㄹ) 승부는 도망간 쪽이나 홰가 적게 남은 쪽이 지게 된다. 이긴 편은 한해의 재앙을 피할 수 있어 길하고, 진 편은 흉하다는 믿음이 있었다. 횃불싸움이 끝나면 각자 마을로 돌아와서 지신밟기를 하면서 준비해둔 음식과 술, 그리고 돈을 풀어서 한바탕 거나한 뒤풀이가 밤새도록 벌어진다.

② 전라도 광주지역의 횃불싸움

(ㄱ) 정월 14일 저녁 아이들은 자기 마을의 논두렁을 태우던 쥐불이 점차 거세게 번져가면서 이웃 마을과의 경계에 다다르게 된다. 이때 불을 많이 태울수록 좋다고 여겨 서로 마을의 경계너머까지 태우려다, 이웃 마을 아이들과 마주치게 되면 횃불싸움으로 발전한다. 이웃 마을 아이들과 마주치지 않았을 경우에는 마을 경계를 넘어 얼른 불을 지르고 도망오지만, 일단 마주치게 되면 마을의 명예를 걸고 불싸움을 한다. 서로 들고 있던 불

붉은 빗자루를 저으며 공방을 계속하지만, 아이들이라 쉽사리 승부가 나지 않는다.

(ㄴ) 이때쯤이면 소식을 들은 동네 청년들이 홰를 만들어 싸움에 합류한다. 홰는 묵은 대나무를 3m 정도 잘라 돌로 자근자근 내리쳐 으스러지게 한 다음, 적당한 간격으로 짚 매듭을 엮어 만든다. 또 다른 방법은 겨릅대 한 줌에 짚을 칭칭 둘러 감아 만들기도 한다. 청년들의 횃불싸움은 전쟁을 방불케 한다. 긴 홰를 마구 휘두르기 때문에 화상을 입기는 예사이며, 옷에 불이 붙는 경우도 있었다. 홰가 거의 다 타면 상대를 향해 던져버리고 새로운 홰를 가지고 싸운다.

(ㄷ) 광주시 광산구 용운동 원선암마을에서는 횃불싸움을 '띠싸움'이라 부르는데, 이 싸움이 끝났더라도 분이 풀리지 않으면 밤에 몰래 이웃 마을에 쳐들어가 짚가리 쌓아 놓은 것을 몇 개씩 태워버리기도 했다.

라. 교과서 속의 놀이

힘든 일상에 새로운 활력을 주는 다양한 사회적 장치가 바로 축제이다. 우리 나라의 경우 축제는 주로 명절에 이루어지는데, 개인적인 신명이 아니라 집단적인 신명, 이기면 풍년이 든다는 믿음은 모두에게 용감성과 단결심과 완강한 투지를 주게 된다. 따라서 이런 놀이를 하면서 일상에서 생긴 모든 갈등을 해소하고 앞으로 다가올 지루한 일상에 새로운 활력을 갖게 하는데, 오늘날에는 이 부분을 얻기가 힘들게 되었다.

마. 기타

불을 가지고 하는 싸움은 크게 횃불싸움과 불의 세력을 다투는 경우가 있다. 전자는 싸움의 형태로 격렬하지만 후자는 불을 가지고 하지만 완만하다. 그러나 모두 불을 통해 복을 빌고 액을 물리치고자 하는 목적은 같다고 여겨진다.

불의 세력을 겨루는 풍속은《임하필기(林下筆記)》에 소개하고 있는데, 남양부 대부도에서 매년 상원에 남녀가 동서로 편을 이루고 각기 큰 불덩이를 물에 대서 일어나는 화광의 세를 겨루어 한해의 운세를 점친다고 하였다.

※ 참고문헌 _ 조완묵,《우리 민족의 놀이문화》, 정신세계사, 1996.

6. 전통놀이와 현대놀이의 차이점

1) 전통놀이

- 농촌에서 민속놀이, 전래놀이, 집단놀이가 성행

- 다음 세대한테 전통으로 이어짐

- 자연친화적이며 혼자가 아닌 집단적이며 협동력이 필요

2) 현대놀이

- 집안, PC방, 노래방, 유흥주점 등 대부분 놀이로 독차지

- 새로운 다양한 놀이들이 등장

- 체력저하 및 놀이공간이 땅과의 거리감도 멀어지고 있음

- 혼자서 노는 아이들이 많아지고 곁에 있는 친구들과 가까워지려는 시도조차
  하지 않음

7. 전통놀이가 사라져가는 이유

- 서양 문화의 무분별한 도입과 컴퓨터, TV 등의 발달
- 핵가족화로 인해 퇴색되어진 명절의 의미
- 사회풍속의 변화 (핵가족화와 맞벌이 부부의 증가)
- 교육적인 노력, 연구 및 개선에 대한 노력의 부족

8. 전통놀이 발전 계승

우리 선조들이 반만 년의 긴 역사 속에서 창조한 전통 놀이는 민족의 행동 양식 내지 생활 양식, 그리고 우리 사회가 추구하는 가치와 신념이 고스란히 담겨 있다. 전통놀이는 민속놀이로 불리기도 하며 일반 서민들에 의해 유지, 발전, 전승되어왔다.

최근 초등교육에서는 아이들에게 현재 생활 속에서 전통 문화를 찾고 경험하게 하며, 선조가 추구해온 이상적 삶이 무엇인지를 알게 하고 자긍심을 갖게 하며, 전통 문화를 계승, 발전시켜 나갈 수 있게 가르치도록 촉구하고 있다.

또한 전통 문화의 계승 방안을 모색하기 위해서는 전통놀이의 특성과 가치를 분석하고, 이를 기초로 현대에 맞게 전통놀이를 재창출할 수 있는 활성화 방안을 모색하여야 할 것이며, 앞으로도 계속 우리의 전통놀이를 발굴하고, 현대에 맞게 재창출하여 활성화시키고, 궁극적으로, 우리 민족의 전통 문화를 후대에 계승할 수 있도록 해야 할 것이다.

숨, 쉼, 삶이 있는 창의 인성 소통

전래·전통 놀이

전통 놀이에 대하여

PART II

I. 단동십훈

단군시대부터 전해져 내려오는 우리 민족의 전통 육아법으로 아기를 어르는 방법이다. '도리도리', '곤지곤지', '지암지암(잼잼)', '짝짝꿍(작작궁)' 등의 놀이로 아기의 인지를 발달시키는 놀이이기도 한다. 아기의 운동 기능과 뇌신경 발달을 돕고 소근육의 발달을 촉진하는 과학적인 놀이이다.

단동십훈을 통해 아기는 걸음마 연습, 주먹 쥐기, 손바닥 찧기, 고개 흔들기, 손뼉 치고 춤추기를 배운다. 그 음에도 깊은 뜻이 담겨있는데, 예를 들어 '도리도리'는 고개를 좌우로 살피면서 만물의 이치와 사람 된 도리를 알라는 뜻이다.

1) 불아불아 - 출생의 이치를 일깨움

'불'은 하늘에서 땅으로 내려온다는 뜻이고, '아'는 땅에서 하늘로 올라간다는 뜻을 말하며, '불아불아'는 사랑으로 땅에 내려오고, 신이 되어 다시 하늘로 올라가는 무궁무진한 생명을 가진 어린이를 예찬하는 뜻이다.

이처럼 기운이 순환하여 무궁무진한 생명력의 발현인 아이의 자기존중심을 키우려고 허리를 잡고 좌우로 흔들면서 하는 말이 '불아불아'이다. 자기존중심 이야말로 사람이 스스로를 살게 만드는 힘의 근원임을 가르치는 것이다.

할아버지, 할머니들은 어린이의 허리를 잡고 세워서 왼편과 오른편으로 기우뚱 기우뚱하면서 "부라부라" 하고 부르며, 귀에 익혀준다.

2) 시상시상 - 하늘의 뜻에 맞도록 순종을 일깨움

사람의 형체와 마음은 태극에서 받았고, 기맥은 하늘에서 받았고, 신체는 지형에서 받은 것이므로 아이의 한 몸이 작은 우주이다. 그 때문에 우주를 몸에 모신 것이니 매사에 조심하고 하늘의 뜻, 우주의 섭리에 순응하라는 의미에서 아이가 앉아 몸을 앞뒤로 끄덕이게 하는 것이다. 그만큼 몸을 귀히 여겨 함부로 하지 말라는 뜻이다.

어린이를 앉혀 놓고 앞뒤로 끄덕끄덕 흔들면서 "시상시상" 하고 부른다.

사람의 형상과 마음과 신체는 태극과 하늘과 땅에서 받은 것이므로 사람이 곧 작은 우주라는 인식아래 조상님을 거슬러 올라가면 인간 태초의 하느님을 나의 몸에 모신 것이니 조상님과 하느님의 뜻에 맞도록 순종하겠다는 것을 나타내는 뜻이다.

3) 도리도리 - 무궁무진한 하늘의 도리와 섭리를 일깨움

머리를 좌우로 흔들 듯이 이리저리 생각해 하늘의 이치와 천지만물의 도리를 깨우치라는 것이다. 머리를 좌우로 돌리는 동작으로 천지에 만물이 무궁무진한 하늘의 도리로 생겨나듯 너도 도리로 생겨났음을 잊지 말라는 뜻이며, 대자연의 섭리를 가르치는 뜻이다.

4) 잼잼 - 천지간의 조화를 알도록 일깨움

두 손을 쥐었다 폈다 하면서 "쥘 줄 알았으면 놓을 줄도 알라" 는 깨달음을 은연중에 가르치는 것이다. 손이 간신히 들어갈 만큼 가는 병목을 가진 병 속에 든 쌀을 한 줌 손에 쥐고 빼내려면 다시 쥔 것을 내려놓지 않고서는 결코 손을 뺄 수 없는 법이다. 결국 "쥔다고 다 내 것이 아님을 알라"는 것이다.

5) 곤지곤지 - 무궁한 진리를 깨닫도록 일깨움

오른손 집게손가락으로 왼쪽 손바닥을 찍는 시늉을 하며 '땅=곤'의 의미를 깨닫게 하는 것이다.

6) 섬마섬마 - 독립적인 발전의 유도를 일깨움

남에게 의존하지 말고 스스로 일어서 굳건히 살라는 뜻에서 아이를 손바닥 위에 올려 세우는 시늉을 한다. 어린이를 세우면서 서라는 말로 "섬마섬마"라고 하는데 정신문명인 강상의 이치만으로는 안 되므로 서마도에 입각한 물질문명을 받아 들여 발전해 나가라는 뜻으로 "섬마섬마" 또는 '따로따로'라고 부르기도 한다. 독립하여 정신과 물질에서 발전하라는 뜻이다.

7) 어비어비 - 이치와 섭리에 맞는 업을 갖도록 일깨움

아이가 해서는 안 될 것을 이를 때 하는 말로, 커서도 일함에 도리와 어긋남이 없어야 함을 강조한 말이다. 금기의 무서움을 가르치는 말로써 어릴 때부터 조상님들의 발자취와 하느님의 뜻에 따라 삶을 살라는 뜻이 담겨 있다. 자연 이치와 섭리에 맞는 업이 아니면 벌을 받게 된다는 것을 일깨우고 있다.

8) 아함아함 - 천지 좌우의 형국을 몸속에 일깨움

손바닥으로 입을 막는 시늉을 하는 것으로, 두 손을 모아 입을 막은 '아' 자의 모양처럼 입조심하라는 뜻이 내포되었다. 손바닥으로 입을 막으며 소리 내는 동작인데 두 손을 가로모아 잡으면 '아' 자의 모양이 되는데, 이것은 천지 좌우의 형국을 이 몸 속에 모신다는 것을 상징한다.

9) 짝짜꿍 짝짜꿍 - 천기 지기의 이치를 일깨움

음양의 결합, 천지의 조화 속에 흥을 돋우라는 뜻에서 두 손바닥을 마주치며 박수를 치며 소리 내는 동작으로 천지 좌우와 태극을 맞부딪쳐서 하늘에 오르고 땅으로 내리며, 사람으로 오고 신으로 가는 이치를 깨달았으니 손뼉을 치면서 재미있게 춤추자는 뜻이다.

10) 질라라비 훨훨 - 우주의 이치를 일깨움

아이의 팔을 잡고 영과 육이 고루 잘 자라도록 기원하고 축복하며 함께 춤추는 모습이다. 결국 천지자연의 모든 이치를 담고 지기를 받은 몸이 잘 자라나서 작궁무를 추며 즐겁게 살라는 것이다.

나팔을 불며 춤추는 동작인데 천지 우주의 모든 이치를 깨닫고 지기를 받아 생긴 육신을 훨훨 자라도록 즐겁게 살아가라는 뜻이다.

2. 단동치기와 손뼉치기

단동치기는 오래된 육아방식으로 최근 주목받는 놀이이다.

곤지곤지나 잼잼, 짝작꿍 등 눈과 손의 협응력을 발달시키며 두뇌발달을 돕는다는 것이 과학적으로 밝혀짐으로써 5천년 육아방법의 우월성이 입증되고 있다.

손뼉놀이는 전두엽과 소뇌에 걸쳐 뇌기능을 활성화시키며 이 놀이를 통해 상대방과 손을 언제 맞출지 박자의 변화에 대한 대응 등을 어떻게 할 것인지 등 타인과의 소통과 공감력을 키워주는 놀이이다.

곤지곤지 짝짝 / 잼잼 짝짝 / 곤지 짝 잼 짝 / 곤지 잼 짝짝

도리도리 짝짝 / 쭉쭉 짝짝 / 도리 짝 쭉 짝 / 도리 쭉 짝짝

3. 고누놀이

1) 놀이의 개관

바둑이나 장기의 원시적인 형태로 땅이나 마루, 목침 등에 놀이판을 그려놓고 말을 놓거나 옮기며 승부를 겨루는 방식으로 오래 전부터 많은 사람들이 널리 하던 놀이이다.

놀이판의 형태와 그에 따른 놀이 방법이 다양하다. 놀이 장소, 연령에 구애됨이 없어 누구나 할 수 있고, 놀이하는 과정에서 지능이 발달되는 유용한 놀이이다.

고누는 지역에 따라 '고누', '고니', '꼬니(경기)', '꼬누(전라)', '꼰(경상)', '꼰짜(제주)' 라고 불린다. 가장 일반적으로 사용되는 명칭은 '고누' 이고, 한자로는 '지기'라고 한다. 땅에 놀이판을 그리고 노는 천한 사람들의 놀이라고 해서 '땅장기'라고 낮춰 부르기도 했다.

2) 놀이의 유래

고누는 친한 사람들이 노는 놀이로 여겼기 때문에 기록하는데 소홀히 해서, 자세한 놀이 방법이 소개된 책이 거의 없다. 『재물보 』의 〈박희편〉에 '우물고노'라는 기록이 보이고, 속담에 '우물고누 첫 수'란 말이 있는 것을 보면 오래 전부터 널리 행해지던 놀이로 보인다.

100여년 전에 지은 『소쇄원 』이란 옛 건물 마루에 고누가 그려져 있고, 황해도 봉천군 원산리 청자 가마터(10세기 초)에서 참고누판이 발견된 것으로 보아 최소한 고려시대 이전부터 있었던 놀이로 파악된다.

놀이 방법의 측면에서 보면 고누는 바둑의 원시적인 형태로 보인다. 바둑이 삼국시대의 여러 기록에 남아 있는 점을 보면, 고누도 삼국시대 이전부터 하던 놀이로 볼 수도 있다.

김홍도가 그린 『꼬니(지기도) 』라는 풍속화가 있는데, 이 그림을 자세히 들여다보면 고누를 두는 것이 아니라 밤윷을 두는 그림이다. 그런데 많은 자료에서 고누를 설명할 때 이 그림을 인용하는데 이는 잘못된 것으로 이는 밤윷을 두는 그림이다.

3) 놀이의 방법

고누는 그 형태와 방법이 다양한데, 이기는 방법은 크게 두 가지로 정리될 수 있다. 하나는 우물고누와 호박고누와 같이 상대방의 말을 움직이지 못하게 가두면 이길 수 있고, 다른 하나는 줄고누와 꽃고누와 같이 상대방의 말을 다 따면 이길 수 있다.

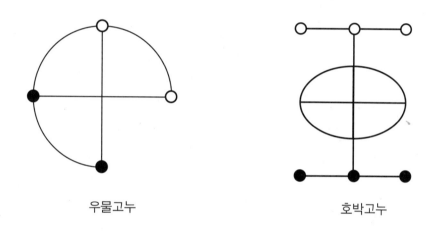

우물고누 　　　　　　　　　　　호박고누

[우물고누]

1. 말판을 그린다.

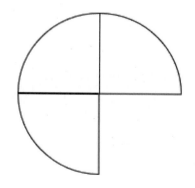

2. 양쪽이 말을 두 개씩 준비한 다음 그림처럼 위치에 각자 말을 놓는다. (말은 바둑알이나 나뭇잎, 돌 등 편을 나눌 수 있는 것이면 무엇이든 가능)

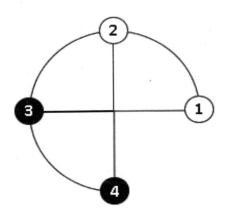

3. 각각 선을 따라서 한 번에 한 칸씩 말을 움직일 수 있다.

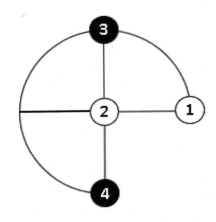

4. 맨 처음 시작할 때는 1과 4는 움직일 수 없고, 2와 3을 움직여야 한다. 그 이유는 이 말들을 먼저 움직이면 길이 막혀 더 이상 고누를 할 수 없게 되기 때문이다.

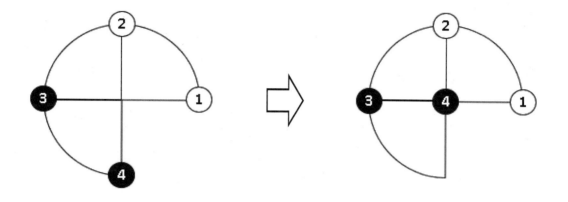

5. 번갈아 말을 두다가 상대방 말을 한쪽에 몰아놓고
〈그림1〉과 〈그림2〉처럼 길을 막아버리면 이긴다.
〈그림1〉은 백이 더 이상 갈 곳이 없으므로 흑이 이긴 것이고,
〈그림2〉는 흑이 더 이상 갈 곳이 없으므로 백이 이긴 것이다.

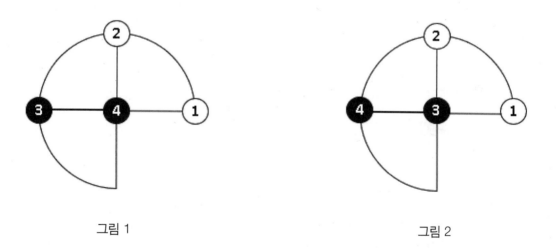

그림 1   그림 2

[호박고누]

1. 말판을 그린다.

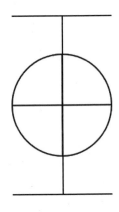

2. 판 위에다 그림처럼 말을 놓는다.

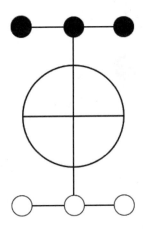

3. 가위 바위 보로 순서를 정한다.

4. 선을 따라 번갈아 말을 하나씩 움직인다.

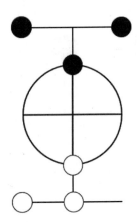

5. 집(처음 말을 놓았던 곳)에서 한 번 나온 말은 다시 돌아갈 수 없으며 상대편 집으로 들어갈 수도 없다. 가운데 원 부분에서는 자유롭게 움직일 수 있다.

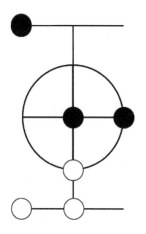

6. 말을 번갈아 두다가 상대방 말을 한 쪽에 몰아놓고 더 이상 움직일 수 없도록 길을 막아 버리면 이긴다.

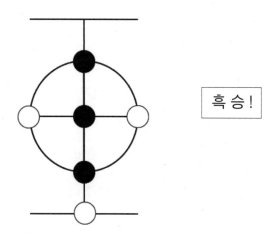

흑승!

4. 강강술래

1) 유래

강강술래의 유래에 대해서는 크게 두 가지의 설이 있다. 하나는 임진왜란과의 연관설이고, 다른 하나는 고대의 제사의식에서 비롯되었다는 설이다.

전자는 임진왜란 때 이순신 장군이 침략해 오는 왜적에게 우리 군사가 많은 것처럼 꾸미기 위해서 부녀자들을 동원하여 남장시키고 손과 손을 마주잡고 둥그렇게 원을 만들며 춤추게 했더니 이를 본 왜군들이 질겁하여 달아났다는 이야기가 있다. 이 설은 학자들에 의해 점차 부정되고 있지만 현재까지 교과서에 이렇게 소개되고 있다.

후자는 고구려의 동맹, 부여의 영고, 예의 무천 등에서 행해지는 제사의식에서 비롯되었거나 만월제의에서 나온 놀이라는 것과 마한 때부터 내려오는 달맞이와 수확의례의 농경적인 집단가무 등 다양한 설이 있다.

2) 놀이방법

(1) 오른손을 앞으로 왼손은 뒤로 하여 모두가 손을 잡고 오른쪽으로 원을 그리며 돈다.

(2) 느린(진양조) 강강술래에서 중강강술래, 잦은 강강술래로 변화를 주고 앞소리를 변형함으로써 놀이의 변화가능성과 다양한 내용으로 걷기, 뛰기, 남생이놀이, 고사리꺾기, 손치기발치기, 개고리개골청, 청어엮기, 덕석몰기, 기와 밟기, 문쥐새끼, 바늘귀꿰기, 대문이, 꼬리따기, 밭갈이가세 등 다양한 놀이로 연령대에 맞게 진행한다.

(3) 전라남도 해남과 진도등 주로 남해안 일대에 전승되고 있다.

5. 윷놀이

1) 놀이의 개관

윷을 던져 엎어지고 젖혀지는 결과를 가지고 말판에 말을 쓰면서 겨루는 놀이. 사람이 많을 때는 두 편 또는 세 편으로 편을 나누어서 논다. 남녀노소 누구나 즐길 수 있는 우리 나라의 대표적인 놀이로, 특히 정월 초하루부터 대보름날까지 행해졌는데, 정초에 그해 농사의 풍흉(豊凶)을 점치기도 하였다. 요즘에는 시간에 구애받지 않고 널리 행해진다. 한자로는 척사(擲柶)·사희(柶戱)라고 하기도 한다.

2) 놀이의 유래

윷놀이는 삼국시대 이전부터 농사의 풍흉을 점치고, 개인적으로는 한해의 길흉을 점치는 점술도구로 시작되어, 삼국시대·고려시대·조선시대로 이어지면서 점차 놀이로 변화하여 오늘에 이르고 있다.윷놀이가 소개되거나 언급된 문헌자료는 무척 많다. 가장 오래된 것은 중국의 《북사(北史)》와 《태평어람(太平御覽)》이다. 이 문헌들은 백제에는 '저포(樗蒲)' '악삭(握·)' 등의 잡희가 있었다고 기록하고 있다. 여기서 소개하는 저포는 오늘날의 윷놀이를 말하는 것으로 보인다. 그런데 우리 나라 윷이 아니라, 중국 사람들이 놀던 윷으로 우리 나라의 윷과 비슷한 것이다. 이 자료들을 근거로 할 때, 윷의 기원은 삼국시대 이전으로 추정된다.일부에서는 윷놀이가 부여(夫餘)의 관직명인 저가(猪加)·구가(狗加)·우가(牛加)·마가(馬加)의 이름을 본떠서 만든 놀이로, 부여 때부터 전해오는 놀이라고 한다. 즉 저가는 돼지로서 윷의 도에 해당하고, 구가는 개로서 윷의 개, 우가는 소로서 윷, 마가는 말로서 모라고 하는데, 대체로 짐승의 크기와 속도를 고려해서 순서를 정한 것 같다.8세기경의 일본의 옛 노래책인《만엽집(萬葉集)》을 보면, 일본의 윷놀이는 우리 나라에서 그 방법을 배워 간 것으로 추정되고 있다.윷놀이는 삼국시대를 거쳐 고려시대에도 그대로 이어졌다. 고려 말 이색(李穡)의《목은집(牧隱集)》에 윷놀이에 관한 시와 놀이장면, 윷말판에 대한 내용이 실려 있는데, 오늘날과 같은 29밭으로 된 윷말판이 사용되고 있었음을 알 수 있다.조선시대의 김문표(金文豹)는《중경지》에서 '사도설(柶圖說)'을 펴서, 말판 바깥의 둥근 모양은 하늘을, 안의 모난 것은 땅을 본뜬 것이니 하늘이 땅의 바깥까지 감싸고 있다는 것을 나타낸다고 했다. 나아가 말판을 이루는 점들은 별자리를 뜻하는 것으로, 새벽의 북극성을 중심으로 뭇별들이 둘러싸고 있음을 형상화하고 있다고 한다. 또한 윷말의 움직임을 해에 비유하고 말판의 네 점과 중점을 오행에 견주어 설명하고 있다.이런 내용은 이규경(李圭景)이 쓴《오주연문장전산고(五洲衍文長箋散稿)》의 '사희변증설(柶戲辨證說)'로 이어져, 윷놀이는 그해 농사를 점치던 농점(農占)에서 시작되었다고 설명하고 있다. 또한 이익(李瀷)은《성호사설(星湖僿說)》권5〈사희조〉에서 윷놀이가 고려의 유속(遺俗)이라고 설명하고 있다. 그밖에《동국세시기(東國歲時記)》〈제석조〉에 윷가락을 던져서 새해의 길흉을 점치는 풍속에 대해 소개하고 있고, 유득공(柳得恭)의《경도잡지(京都雜志)》〈원일조〉에는 윷가락을 던져 나온 64괘에 따른 풀이까지 실려 있다.미국인 스튜어트 컬린이 1895년에 쓴《한국의 놀이》에 "현재 한국에서 가장 인기 있는 놀이는 윷놀이이다."라고 기술하고 있는 것으로 보아, 조선 말기까지 그 전통이 이어졌다고 여겨진다.

3) 놀이의 방법

(1) 놀이용구

① 윷 ─ 윷의 모양은 지방에 따라 각기 특색이 있으나 크기에 따라 장작윷과 밤윷으로

구분해 볼 수 있다.

(ㄱ) 장작윷(장윷 · 가락윷)

가락으로 되어 있다고 가락윷, 장작개비처럼 되어 있다고 장작윷이라고 한다. 윷은 박달나무 · 통싸리나무 · 밤나무 · 복숭아나무 등으로 만드는데, 보통 밤나무로 가장 많이 만든다. 밤나무는 잘 쪼개지고 속은 희고 겉은 검기 때문에, 어두운 등잔불 밑에서도 잘 구분할 수 있어서 많이 이용되었다. 길이는 15~20cm, 지름 3~5 cm 정도의 둥근 나무 2개를 길이로 반쪽을 내어 네 가락을 만든다. 그런 다음 칼이나 낫 등으로 잘 다듬고 기름이나 색깔을 칠하여 모양을 낸다. 다듬을 때 배를 약간 불룩하게 하기 위하여 배의 계선(界線)을 둥글게 깎아낸다. 그래야 윷을 던졌을 때 잘 구르며, 굴러서 엎어질 듯 하다가 젖혀지고 젖혀질 듯 하다가도 엎어지는 변화를 줄 수 있기 때문이다. 주로 남자들이 많이 가지고 노는 밤나무윷은 크고 무겁게 만들고, 여자들이 가지고 노는 박달나무윷은 작고 예쁘게 만든다. 장작윷은 서울을 비롯한 중부지방에 널리 분포되어 있다.

(ㄴ) 밤윷(좀윷)

엄지손가락 정도 굵기의 나무로 2~3 cm 정도 되게 만든 것인데, 밤알만 하다고 하여 밤윷이라고 불렀다. 이 밤윷은 조그만 밥공기 등의 그릇에 담아 내젓다가 바닥에 내던져서 노는 것으로, 남부지방에서 많이 하고 있다. 그밖에 재료에 따라 콩윷 · 팥윷 등이 있는데, 곡물을 이용한 이런 윷은 북부지방에서 많이 한다.

② 윷판과 깔판말판은 모두 29밭으로 되어 있는데, 크게 나뭇가지처럼 생긴 '가지말판'과 '방말판' 두 가지가 있다. 깔판은 푹신하여 윷가락이 구르지 않는 멍석이나 짚방석 같을 것을 사용했다.

(2) 윷 던지기

윷가락은 네 개를 나란히 세우거나, 두 가락씩 우물정자형(井)으로 짜서 오른손의 엄지

손가락과 손바닥 사이에 쥐고 던진다. 보통 윷가락이 사람들의 앉은키보다 얼마간 높이 올라가게 던져야 하는데, 멋을 부리는 사람들은 윷가락 네 개가 한꺼번에 떨어지지 않고 차례로 떨어지게 던지기도 한다. 윷가락이 둘러앉은 사람들의 범위를 벗어나 떨어지거나 짚방석 밖으로 튀어나갈 때는 '낙판(落板)'이라 하여 무효로 하기도 한다.

(3) 끗수

윷가락이 엎어지고 젖혀지는데 따라 끗수는 아래와 같다.

도 개 걸 윷 모

윷가락의 상태인 도·개·걸·윷·모에 따라 말을 움직일 수 있는 끗수가 다르다.

(4) 놀이방법

두 사람 이상 여러 사람이 편을 나누어 놀 수 있으므로, 사람 수에 제한은 없지만 보통 4~6명 정도가 어울려 논다. 한 편에 보통 4개의 말(넉동)을 갖고 시작하고, 윷을 던져 나오는 끗수만큼 말을 옮겨 어느 한 편에서 먼저 말 넉동(네 동)이 나면 이기게 된다.

세부적인 규칙은 아래와 같다.

① 순서 정하기(쟁두) ― 먼저 어느 편이 먼저 놀기 시작할 것인가를 정하는데, 먼저 윷가락으로 정한다. 즉 각 편의 대표격인 사람 두 명이 나와, 네 가락 중 두 가락씩 나누어 가지고 던져서 숫자가 높은 편이 먼저 시작한다.

② 말 쓰기 ― 윷가락을 던져서 나온 끗수에 따라 말을 옮기는 것을 말한다. 처음에는 말을 달아야 하고, 어떤 경우에는 상대방 말을 잡아야 하며, 어떤 경우에는 업기도 한다. 아무리 윷이나 모가 많이 나와도 말을 잘 쓰지 못하면 지게 되므로, 전체 판의 흐름에서 유리하게 말판을 써야 한다.

③ 업고 가기(굽기·볶기) ― 윷가락을 던져서 만약 처음 말이 도자리에 있는데 다음

차례에 또 도가 나오면, 업어서 함께 이동할 수도 있다. 또 뒤따라가다가 앞서가던 자기편 말과 같은 자리에 서게 되면 업고 갈 수 있다. 두 개가 업고 가면 두동사니(두동무니), 세 개가 업고 가면 세동사니, 네 개가 업고 가면 넉동사니라고 한다. 업는 경우가 불리하면 업지 않아도 된다.

④ 잡기 — 예를 들어 상대편 말이 도자리에 있는데, 윷을 던져서 자기편이 도가 나오면 상대편 말을 잡을 수 있다. 또 자기편 말이 뒤따라가다가 앞서가던 상대편 말과 같은 자리에 서게 되면 상대편의 말을 잡게 된다.

⑤ 한 번 더 하기 — 윷이나 모가 나오면 한 번 더 놀 수 있고, 상대편 말을 잡았을 때도 한 번 더 놀 수 있다.

⑥ 동나기 — 처음에 달았던 말이 말판을 돌아서 밖으로 나오는 것을 동나기라고 말하는데, 먼저 넉동(네 동)이 나는 편이 이긴다. 동이 빨리 나기 위해서는 길을 잘 선택해야 하는데, 지름길로 질러가는 방법과 세 개의 먼 길이 있다. 가장 가까운 길은 12번째에 날 수 있고, 다음은 16번째, 다음은 17번째이고, 가장 먼길은 21번을 가야 하기 때문에(팔방돌이한다고 한다), 가까운 길로 말을 몰아가야 한다. 그러나 뜻대로 되지 않아 윷놀이가 재미있는 것이다.

4) 교과서 속의 놀이

규칙을 지키며 여럿이 하는 집단놀이이기 때문에 지적·정서적 발달에 도움이 되며, 사회성 발달에 필요한 인간관계의 기술을 배울 수 있다. 특히 말의 끗수에 따라 말을 몇 칸 움직일 것인가를 계산하는 과정에서 수에 대한 구체적인 이해를 할 수 있고, 놀이 규칙을 지키면서 놀이하는 과정에서 규칙을 지켜야 하는 준법정신을 기를 수 있다.

그러나 무엇보다 중요한 것은 윷을 던지고 "모냐, 윷이냐"하고 소리치는 가운데, 일상에서 생긴 모든 스트레스를 털어내고 새로운 일에 활력을 얻을 수 있는 것이다.

5) 기타

어른들이 집안의 아이들이나 세배를 하러 오는 아이들에게 그해 아무 탈없이 잘 지내라는 뜻으로 윷점을 쳐주었다. 그 내용이 유득공(柳得恭)이 지은《경도잡지(京都雜志)》에 나오는데, 아래와 같다.

도도도 = 어린아이가 자비로운 엄마를 만났다(兒見慈母-아견자모).

도도개 = 쥐가 창고에 들었다(鼠入倉中-서입창중).

도도걸 = 어두운 밤에 촛불을 얻었다.(昏夜得燭-혼야득촉).

도도윷 = 파리가 봄을 만났다(蒼蠅遇春-창승우춘). *蠅 : 파리승

도개도 = 큰물이 거슬러 오른다(大水逆流-대수역류).

도개개 = 죄 지은 중에 공을 세웠다(罪中立功-죄중입공).

도개걸 = 나비가 등잔을 쳤다(飛蛾撲燈-비아박등). * 撲 : 두드릴박

도개윷 = 쇠가 불을 만났다(金鐵遇火-금철우화).

도걸도 = 학이 깃을 잃었다(鶴失羽翼-학실우익).

도걸개 = 주린 이가 먹을 것을 얻었다(飢者得食-기자득식).

도걸걸 = 용이 큰 바다에 들었다(龍入大海-용입대해).

도걸윷 = 거북이가 대밭에 들었다(龜入筍中-구입순중). * 筍:죽순

도윷도 = 나무에 뿌리가 없다(樹木無根-수목무근).

도윷개 = 죽은 사람이 다시 살아났다(死者復生-사자부생).

도윷걸 = 추운 사람이 옷을 얻었다(寒者得衣-한자득의).

도윷윷 = 가난한 사람이 보배를 얻었다(貧入得寶-빈입득보).

개도도 = 해가 구름 속에 들었다(日入雲中-일입운중).

개도개 = 장마 때에 해를 보았다(霖天見日-임천견일).* 霖:장마림

개도걸 = 활이 살을 잃었다(弓失羽箭-궁실익전). * 箭 : 화살전

개도윷 = 새 날개가 없다(鳥無羽翰-조무익한). * 翰 : 높이날한

개개도 = 약한 말이 짐이 무겁다(弱馬‧重-약마태중). * ‧ : 짐실을태

개개개 = 학이 하늘에 올랐다(鶴登于天-학등우천).

개개걸 = 주린 매가 고기를 얻었다(飢鷹得肉-기응득육).*鷹 : 매응

개개윷 = 수레의 두 바퀴가 없다(車無兩輪-거무양륜).

개걸도 = 어린 아이가 젖을 얻었다(‧兒得乳-영아득유).

개걸개 = 중한 병에 약을 얻었다(重病得藥-중병득약).

개걸걸 = 나비가 꽃을 얻었다(蝴蝶得花-호접득화).

개걸윷 = 활이 살을 얻었다(弓得羽箭-궁득익전).

개윷도 = 서어한 손에게 절을 하여 배웠다(拜見疎賓-배견소빈).

개윷개 = 물고기가 물을 잃었다(河魚失水-하어실수).

개윷걸 = 물 위에 문채가 났다(水上生紋-수상생문).

개윷윷 = 용이 여의주를 얻었다(龍得如意-용득여의).

걸도도 = 큰 고기가 물에 들었다(大魚入水-대어입수).

걸도개 = 더위에 부채를 얻었다(炎天贈扇-염천증선).

걸도걸 = 매가 발톱이 없다(‧鷹無爪- 지응무조). * ‧ : 맹금지

걸도윷 = 강 속에 구슬을 던졌다(擲珠江中-척주강중). * 擲 : 던질척

걸개도 = 용 머리에 뿔이 났다(龍頭生角-용두생각).

걸개개 = 가난하고 천하다(貧而且賤-빈이차천).

걸개걸 = 가난한 선비가 녹을 얻었다(貧士得祿-빈사득록).

걸개윷 = 고양이가 쥐를 만났다(猫兒逢鼠-묘아봉서).

걸걸도 = 물고기가 변하여 용이 되었다(魚變成龍-어변성룡).

걸걸개 = 소가 꼴과 콩을 얻었다(牛得·豆-우득추두). * ·: 말린풀추, 꼴추

걸걸걸 = 나무 꽃이 열매를 맺었다(樹花成實-수화성실).

걸걸윷 = 중이 속인이 되었다(沙門還俗-사문환속).

걸윷도 = 행인이 집을 생각한다(行人思家-행인사가).

걸윷개 = 말에 채칙이 없다(馬無鞭策-마무편책). * 鞭 : 채칙편

걸윷걸 = 행인이 길을 얻었다(行人得路-행인득로).

걸윷윷 = 해가 이슬에 비쳤다(日照草露-일조초로).

윷도도 = 부모가 아들을 얻었다(父母得子-부모득자).

윷도개 = 공이 있으나 상이 없다(有功無賞-유공무상).

윷도걸 = 용이 깊은 못에 들었다(龍入深淵-용입심연).

윷도윷 = 소경이 문에 바로 들어갔다(盲者直門-맹자직문).

윷개도 = 어두운 곳에서 불을 보았다(暗中見火-암중견화).

윷개개 = 사람이 손과 팔이 없다(人無手臂-인무수비). * 臂 : 팔비

윷개걸 = 대인을 보는 것이 이롭다(利見大人-이견대인).

윷개윷 = 각궁이 시위가 없다(角弓無弦-각궁무현). * 弦 : 시위현

윷걸도 = 귓가에 바람이 난다(耳邊生風-이변생풍).

윷걸개 = 어린아이가 보배를 얻었다(稚兒得寶-치아득보). * 稚 : 어릴치

윷걸걸 = 사람을 얻었다가 도로 잃었다(得人還失-득인환실).

윷걸윷 = 어지러워 길하지 않다(亂而不吉-난이불길).

윷윷도 = 일이 망연하다(生事茫然-생사망연).

윷윷개 = 물고기가 낚시를 물었다(魚吞釣鉤-어탄조구). * 釣:낚시조 鉤:갈고리구

윷윷걸 = 나는 새가 사람을 만났다(飛鳥遇人-비조우인).

윷윷윷 = 형이 아우를 얻었다(哥哥得弟-가가득제). * 哥 : 형가

*모는 윷으로 친다.

※ 참고문헌

강무학,《한국세시풍속기》〈부록/ 동국세시기 · 열양세시기 · 경도잡지〉, 집문당, 1995.

이상호,《전래놀이 101가지》, 사계절, 1999.

Stewart Culin,《Korea Games》, University of Pennsylvania, 1895.

6. 죽마놀이

죽마놀이

죽마놀이는 죽마고우라는 고사성어와 관련이 있다. 중국 진나라 때의 인물인 은호가 전쟁에서 대패한 책임을 묻는 환온의 상소문에 나오는 표현이다.

죽마놀이는 당나라의 덕연이라는 사람이 아이들을 위해 고안하였다는 기록이 『잠확거유서』에 나온다. 이처럼 중국에서는 오래 전부터 죽마놀이가 남자아이들을 중심으로 성행하였음을 알 수 있다.

일본의 경우에는 『잡언봉화』를 비롯한 여러 기록에서 찾아볼 수 있다.

우리나라에서도 『삼국유사』 3권 〈탐상편〉에 죽마를 타고 피리를 불면서 놀았다는 기록이 있고, 고구려 고분인 강서 수산리나 팔청리 고분벽화에도 나오는 것으로 보아 삼국시대에는 죽마놀이가 정착되었던 것으로 보인다. 또 고려시대의 『목은집』이나 조선시대

임제의 글에서도 '죽마' 라는 기록이 나오는 것으로 보아 오랫동안 전승됐음을 알 수 있다.

죽마놀이는 크게 두 가지의 방식이 있다.

첫째는 긴 작대기나 대나무를 가랑이 사이에 끼고 뛰어다니는 방식이고, 둘째는 목마라고 하는 세워진 작대기를 타고 뛰는 방식이다. 작대기를 가랑이에 낄 경우에는 손으로 잡을 만한 굵기로 뒤쪽은 땅에 끌릴 정도의 길이로 하는 것이 적당하다. 목마는 자신의 키보다 큰 참나무를 이용하며, 발 받침대로서 아랫부분에 나무토막을 붙여 그 위에 발을 올려 타고서 뛰면서 돌아다닌다.

북한에서는 발 받침대를 층층이 만들어 맨 아래부터 시작하여 점차 익숙해지면 더 높은 받침대로 오르는 형태도 있다.

놀이 방법으로는 일정한 지점을 정해 놓고 릴레이식으로 갔다 오는 방법이 있으며, 목마의 경우에는 서로 부딪쳐서 땅에 발이 닿으면 지는 것으로 승패를 결정짓는 방법도 있다.

7. 산가지놀이

1) 놀이의 유래

'산(算)가지'란 수를 셀 수 있는 특별한 도구가 없었던 시대에 수를 셈하기 위하여 싸리, 대나무 등으로 만든 짧고 가는 대를 말하는데, 여러 계산 도구들이 나오면서 이후 산가지의 놀이 도구가 바뀌었다.

2) 놀이 방법

(1) 산가지 떼어내기

① 모듬을 정해 준다.

② 산가지 여러 개를 흩어 놓는다.

③ 가위 바위 보로 순서를 정한다.

④ 1등부터 자신의 산가지나 손으로 다른 산가지를 떼어낸다. 이때 자기가 떼어 내려 하는 산가지 이외의 다른 산가지를 건드리면 가져갈 수 없으므로 그대로 둔다.

⑤ 건드리지 않고 떼어 내면 계속 할 수 있다.

⑥ 산가지가 모두 없어질 때까지 하고 가장 많이 가져간 사람이 이긴다.

⑦ 겹쳐 있지 않은 산가지는 1등이 모두 가질 수 있으니 산가지끼리 붙어 있도록 잘 흩어 놓는다.

(2) 주사위 산가지

① 편을 나눈다.

② 자기 편 앞에 산가지를 아래와 같이 늘어 놓는다.

　1개　2개　3개　4개　5개

③ 상대편과 번갈아가며 주사위를 던져 주사위 숫자에 해당하는 산가지를 떼어 낸다.

④ 만약 3이 나왔는데 앞서 3에 있는 산가지를 떼어냈으면 다시 가져다 놓는다.

⑤ 자기 편 앞에 산가지를 모두 떠내는 편이 이기는 것이다.

(3) 쌓기 놀이방법

'산가지 탑 쌓기'는 혼자 해도 재미있고 여럿이 게임하듯이 해도 재미있다.

먼저 나뭇가지 길이를 고려해서 평행하게 떼어놓고, 우물 정자(井)를 만들 듯 그 위에 또 두 개를 평행하게 올려놓는다. 그렇게 두 개씩 반복해서 쌓으면 되는데, 두 사람 이상이 할 때는 가위 바위 보를 해서 이기는 사람이 한 개나 두 개씩 올리는 것으로 해서 누가 더 높이 쌓는지 내기를 해도 좋다.

그 외에도 도형, 자동차, 집 만들기를 할 수 있는데 땅에 기본 그림을 그려 놓고 가위 바위 보를 통해 먼저 그림 완성하기 놀이를 해도 된다.

산가지 쌓기 놀이

⑷ 산가지 위치 바꾸기 놀이방법

우선 산가지를 한 줌 집어 던진 다음, 모두 눈을 감게 하고 가지 하나의 위치를 바꾼 후 눈을 뜨게 한다. 어떤 것이 바뀌었는지 찾으면서 집중력과 관찰력을 키울 수가 있다. 좀 더 큰 아이들이라면 '모양 바꾸기 두뇌 퀴즈'를 해도 재미있다. 집 모양을 만들어 놓고, 산가지 한 개의 위치를 바꾸어 집 방향을 바꾸라는 미션을 준다.

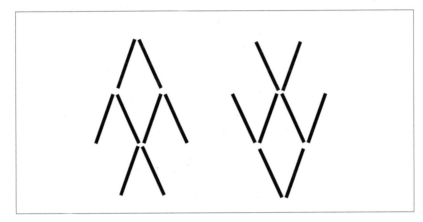

물고기 방향 바꾸기

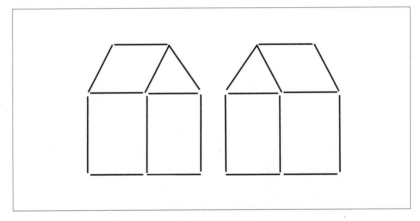

집 방향 바꾸기

8. 제기차기

1) 유래

제기차기의 유래에 대해서는 정확히 알 수 없으나 고대 중국에서 무술을 연마하기 위하여 고안된 축국(蹴鞠) 놀이에서 연유한다고 하며, 그 시기를 중국의 전설적인 왕 황제(黃帝) 때로 보는 견해가 있다.

제기는 구멍이 뚫린 엽전을 얇은 미농지 따위로 싸고, 종이의 두 끝을 한 구멍의 같은 방향으로 꿰어서 그 끝을 갈래갈래 찢어서 만든다. 헝겊에 흙이나 마른 말똥 등을 싸서 잡아매고 꿩의 꽁지깃을 꽂아 만들기도 한다.

오늘날은 비닐로 된 상품을 많이 쓴다.

2) 놀이 방법

○ 땅강아지(맨제기) : 제기를 찬 이후 공중에 제기가 머무르는 동안 땅에 발을 딛고 있다가 다시 내려오면 또 차올리는 방식

○ 헐렁이 : 발이 땅에 닿지 않은 상태에서 계속 찬다

○ 양발차기 : 오른발과 왼발로 번갈아 차는 것으로, 발 안쪽으로 차느냐 바깥쪽으로 차느냐는 상관없다

물지기 - 제기를 입에 물었다가 차고 다시 무는 물지기

키지기 - 키를 넘겨 올려 차는 키지기

언지기 - 차서 머리 위에 얹었다가 떨어뜨려 다시 차는 언지기

○ 동네제기

여럿 어울려 하는 동네제기 방법 익히기

① 5~6명이 편을 나누지 않고 둥글게 보고 서서 아무나 처음 시작을 한다.

② 처음 시작하면서 "동"을 외치며 제기를 차서 다른 사람에게 넘겨 준다.

③ 다음 사람은 "네"라고 외치며 제기를 받아 찬다.

④ "제", "기"도 같은 방법으로 하면서 돌려 찬다.

⑤ 다음은 우리나라의 도시 이름을 하나씩 대면서 찬다.

⑥ 혼자서 여러 번 찰 수도 있고 한 번 차고 넘겨 줄 수도 있다.

⑦ 아웃 되는 경우 한 사람이 여러 사람에게 종들이기를 하는데 술래가 되면 좀처럼 벗어나기 힘들다.

　※ 아웃 되는 경우 : ① 제기를 정확하게 차지 못해 떨어뜨렸을 때,

　　　　　　　　　　② 제기가 발이 아닌 다른 신체 부위에 맞았을 때,

　　　　　　　　　　③ 헛발질을 했을 때 또는 도시 이름을 대지 못했을 때

○ 제기배구

제기를 가지고 편을 나누어 제기배구를 즐길 수 있다.

놀이 방법은 배구와 같은데 다만 배구공이 아니라 제기를 가지고 한다는 점이 다르다.

3) 놀이 효과

① 양다리의 근육을 튼튼히 해주며 발의 유연성과 정확도를 높여 준다.

② 여러 가지 기교를 부릴 수 있고 민첩성을 길러 준다.

③ 한 번이라도 더 차야 하므로 지구력과 인내력을 길러 준다.

④ 단체 놀이를 통하여 협동심과 단결심을 기른다.

4) 제기 만들기

① 준비물 : 색화지 4~5장 , 구멍 뚫린 와서 또는 엽전 , 송곳

② 제작방법

　[그림1] 색화지 4~5장을 겹쳐놓고 와서를 끝단 가운데 올려 놓는다.

　[그림2] 와서를 감싸며 색화지를 말아 접고 송곳으로 가운데를 뚫어 준다.

　[그림3] 색화지 양끝을 뚫어진 구멍 속으로 넣어 당긴다.

　[그림4] 색화지를 손으로 위에서 아래로 찢는다.

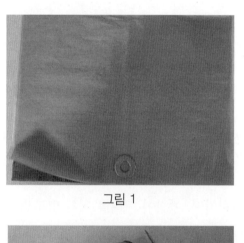

그림 1

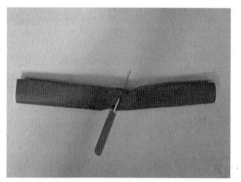

그림 2

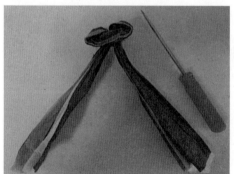

그림 3

그림 4

9. 팽이치기

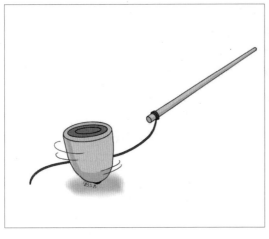

전통팽이

종이팽이

1) 유래

팽이는 축(軸)을 중심으로 둥근 동체가 회전운동을 하는 완구이다. 팽이치기의 시초는 도토리 따위를 돌려서 장난한 놀이 같은데, 이것을 연구하여 발달한 것으로 추측된다.

중국에서는 당(唐)나라 때 성행한 것으로 여겨지며, 이것이 고려를 거쳐 일본으로 전해져, 일본에서는 팽이를 고매[高麗]라고 한다. 세계 여러 나라에서 볼 수 있으며, 종류도 나무, 대나무, 금속, 유리 등이 있고 모양도 다양하다.

2) 방법

옛날 시골에서는 아이들이 나무로 팽이를 직접 깎아 만들어 추운 겨울 강가, 연못, 논바닥 등의 얼음 위에서 팽이치기를 하였다.

팽이를 치는 채는 40~50cm의 싸리나무 같은 막대기 한 끝에 40~50cm의 끈을 달아 만

80

든다. 채를 팽이가 도는 방향으로 때리면 빠른 속도로 오래 돈다.

팽이치기에는 5~10m의 목표 지점을 설정해 놓고 팽이채로 정확하게 팽이의 허리를 치면서 빨리 돌아오기를 겨루는 놀이, 돌고 있는 팽이를 맞부딪쳐 상대편 팽이를 쓰러뜨리는 팽이싸움놀이, 아래위로 총알을 박은 팽이를 팽이줄로 감아 머리 위로, 또는 팔을 옆으로 비켜서 마치 야구의 투수가 던지는 식으로 팽이를 던져 돌려 서로 맞부딪치게 하는 팽이찍기 등의 놀이 방법이 있다.

10. 투호놀이

투호놀이

1) 놀이의 유래

삼국시대 때부터 유행되었으며 이조 초기에는 궁중에서 투호를 한 기록이 보이고 여자들도 즐겨하던 놀이였다. 투호는 본래 중국의 놀이로 당나라 때에 성행되었다.

우리나라에서 이 놀이가 일찍부터 전해져 행해진 것은 당나라 때의 학자 이연수의『북사』〈백제전〉에 투호, 저포, 농주와 악삭 등 잡회가 있다는 것으로 알 수 있다. 『신당서』〈고구려전〉에도 고구려인은 바둑과 투호놀이를 좋아한다고 한 것을 보아 알 수 있다. 조선시대에는 주로 궁중과 조정의 고관들이 기로연 잔치 때에 여흥으로 많이 하였다.

이 놀이는 오늘날 민간에 전승되어 오지 않는 놀이 중 하나이다.

〈준비물〉

투호병(항아리나 화살을 넣을 수 있는 것), 화살

2) 놀이 방법

① 투호용 통은 항아리나 쓰레기통, 분유통 등을 사용한다.

② 통 속에 모래나 흙을 어느 정도 채우면 던진 화살이 튕기지 않고 잘 꽂히며 통이 쓰러지지 않아 좋다.

③ 장난감 화살이나 나무 막대, 나무젓가락 등을 화살로 써도 되고 바둑알을 이용해도 괜찮다.

④ 통과의 거리는 1.5~2m 정도로 하는게 좋지만 더 가깝게 또는 더 멀게 할 수도 있다.

⑤ 1명의 아이가 10개의 화살을 던지는데 1개 들어갈 때마다 10점씩 계산한다.

⑥ 가장 많은 점수를 얻은 아이가 이기게 된다.

3) 승부 정하기와 규칙

던진 화살 가운데 통 속에 꽂힌 화살 수를 가려 많이 꽂힌 사람이 이기게 된다.

11. 달팽이 놀이

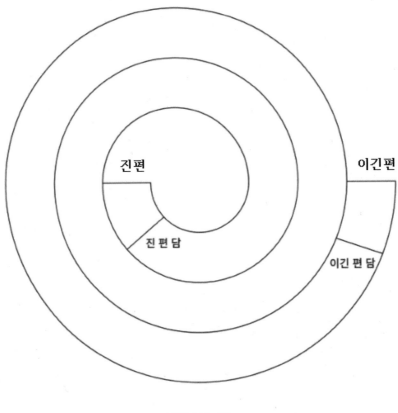

진편

이긴편

진 편 담

이긴 편 담

달팽이 놀이

1) 놀이의 유래

우리 조상들은 느림보의 대명사로 불리는 달팽이를 노래하는 것에 그치지 않고 그 모양을 본떠 땅에 그려 놓고 재미있게 놀기도 했다. 이 놀이는 '돌아잡기'라고도 하는데, 대부분의 땅에 그리고 하는 놀이들이 밀고 당기는 놀이라 위험한 것이 많은데 이 놀이는 가위 바위 보를 하며 먼저 진을 점령하는 편이 이기는 놀이라 저학년에게도 알맞은 놀이다.

달팽이 놀이를 좀더 재미있게 하려면 나선형 원을 여러 개 그려 달리면서 약간의 어지럼증을 줄 수 있게 하는 것이 좋다. 어지러움증도 재미의 한 부분이기 때문이다.

2) 놀이의 방법

① 10~30명 정도가 한 팀으로 한다.

② 인원수에 맞게 소용돌이 모양의 선을 긋는다.

③ 편을 갈라 이긴 편과 진 편을 나누어, 이긴 편은 바깥쪽에 진을 만들고, 진 편은 안쪽에 진을 만들어 상대의 진을 향하여 선다.

④ 자기 진에 다같이 한 줄로 서 있다가, "시작"과 동시에 각 진의 맨 앞에 있는 사람이 진의 출발선에서 출발한다.

⑤ 달려가다가 상대편을 만나면 가위바위보를 한다.

⑥ 이긴 사람은 계속하여 달리고, 진 편에서는 맨 앞에 있던 사람이 재빨리 진에서 나와 달려가 상대편과 만나서 가위바위보를 한다.

⑦ 상대편 진으로 계속 뛰어가서 상대편 담 안에 먼저 도착하면 이긴다.

⑧ 승부가 나면 진을 바꾸어 놀이를 계속한다.

* 응용1 이렇게도 할 수 있어요.

① 서로 만나 가위바위보를 하는 것까지는 규칙이 같다.

② 진 사람은 그 자리에 앉고, 이긴 사람은 계속 뛰어간다.

③ 앉아 있는 사람은 자기편 사람이 돌아 나와 쳐주면 살아나 자기 집으로 들어간다.

④ 상대편 진을 먼저 점령하거나 상대편에서 더 이상 뛰어나올 사람이 없으면 이긴다.

* 응용2 이런 방법도 있어요.

① 놀이판으로 달팽이집 2개를 마주보게 그려 놀아 보자.

② 쌍팔자 놀이판은 나란히 그리는데, 달팽이 놀이판은 위 아래로 입구가 마주 보게

그리고 놀이 방법은 모두 같다.

3) 놀이의 효과

① 이 놀이를 통하여 친화력을 기르고 활달한 기상을 키울 수 있다.

② 근력과 지구력이 길러진다.

③ 순발력과 민첩성이 길러진다.

4) 유의할 점

① 놀이의 승부에 너무 집착하면 넘어져 다칠 염려가 있다.

② 달팽이집을 따라 달리다 보면 어지럽기도 하는데 이 때 주의가 필요하다.

12. 비석치기

비석치기 놀이

1) 놀이의 유래

손바닥만한 납작한 돌을 땅바닥에 세우고, 다른 돌을 던져 쓰러뜨리면 노는 놀이. 돌을 이용한 놀이 가운데 놀이방법이나 기술이 가장 발달된 놀이로, '비석까기, 비석차기, 비사치기'라고도 한다. 우리 나라 전역에서 행해졌고, 지금도 곳곳에서 놀이하는 모습을 쉽게 볼 수 있다.

2) 놀이 방법

(1) 5~6m정도의 거리를 두고 두 줄을 긋는다.
(2) 누가 먼저 공격할 것인가를 정한다.

(3) 진 편은 비석을 세워 놓고 이긴 편은 차례로 돌로 비석을 맞힌다.

(4) 맞히면 계속 던질 자격이 있고 못 맞히면 그 사람은 죽게 된다.

(공격하는 사람이 2명 이상인 경우 맞힌 사람이 계속해서 비석을 맞힐 수 있으며, 못 맞힌 경우 다음 사람에게 넘어간다. 다음 사람이 다 맞히면 다음 단계로 넘어가고, 죽은 사람은 구제된다.)

(5) 공격하는 사람이 모두 죽은 경우에는 수비를 해야 한다.

(6) 앞서 던진 편이 다음 번 차례가 되었을 때 죽은 단계부터 다시 시작한다.

(7) 마지막 단계(장님)까지 먼저 통과하면 이긴다.

3) 비석치기 여러 단계

(1) 던지기
　① 선 채로 그냥 던지기
　② 한 발 뛰어 던지기(한발걸이)와 두발 뛰어 던지기(두발걸이)
　③ 세 발 뛰어 던지기(세발걸이)

(2) 세 발 뛰어 차기(재기) — 망을 던져 놓고 세 발을 뛴 다음 네 발째 차서 비석을 쓰러뜨린다.

(3) 발등(도둑발) — 망을 발등 위에 올려놓고 비석 가까이 가서 망으로 쓰러뜨린다. 오른발로 먼저 하고 다음은 왼발로 한다.

(4) 발목(토끼뜀) — 망을 발목 사이에 끼우고 깡충깡충 뛰어, 비석 가까이 가서 망을 비석 위에 떨어뜨려 쓰러뜨린다.

(5) **무릎(오줌싸개)** ― 망을 무릎 사이에 끼우고 어기적어기적 걸어, 비석 가까이 가서 망을 비석 위에 떨어뜨려 쓰러뜨린다.

(6) **가랑이(똥꼬, 딸 낳고 아들 낳기)** ― 망이 보이지 않도록 가랑이 사이에 끼우고 비석 가까이 걸어가서 뒤돌아선 다음, 망을 비석 위에 떨어뜨려 쓰러뜨린다.

(7) **배(배사장)** ― 망을 배 위에 올려놓고 비석 가까이 가서 망을 떨어뜨려 쓰러뜨린다.

(8) **신문팔이** ― 망을 겨드랑이에 끼우고 가서 망을 떨어뜨려 쓰러뜨린다.

(9) **어깨(훈장)** ― 어깨 위에 망을 올려놓고 가서 망을 떨어뜨려 쓰러뜨린다. 오른 어깨, 왼 어깨의 순서로 한다.

(10) **목** ― 어깨와 목 사이에 망을 끼워놓고 가서 망을 떨어뜨려 쓰러뜨린다.

(11) **머리(떡장수)** ― 머리 위에 망을 올려놓고 가서 망을 떨어뜨려 쓰러뜨린다.

(12) **장님(봉사)** ― 망을 던져놓고 눈을 감은 상태에서 걸어가, 망을 찾아 눈을 감은 채로 던져 쓰러뜨린다.

I3. 공기놀이

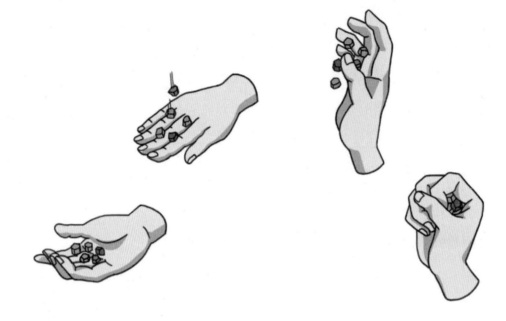

공기놀이 - 꺾기

공기놀이는 밤톨만한 돌을 땅바닥에 놓고 집고 받는 주로 소녀들이 하는 놀이다. 공기놀이는 3가지가 있는데, 첫째 공기 돌을 한줌 집어서 땅 바닥에 흩트려 놓은 다음에, 그 중에서 한 개를 집어서 공중 높이 던진 다음 땅에 있는 돌을 하나 집고 다시 공중에 던진 돌이 땅에 떨어지기 전에 받는다.

이렇게 해서 틀리지 않고 연속적으로 2개, 3개, 4개씩 집어서 많이 따는 것이 이기는 것이다.

둘째는 공기 돌을 여러 개 공중으로 던진 다음 이것을 손등으로 받는다. 손등에 올라앉은 돌을 이미 땅바닥에 흩트려 놓은 돌 옆에 놓고 그 중에서 하나를 집어 공중으로 다시 높이 던진 다음, 먼저 땅에 놓았던 돌을 집고 또 공중에 던진 돌이 땅에 떨어지기 전에 함께 집어야 한다.

이 같은 되풀이하여 많이 집어 모은 편이 이기는 것이다. 셋째 지금까지는 공기돌을 제한하지 않고 될 수 있는 한, 많이 가지고 하였지만, 이제는 5개를 가지고 하는 놀이인데, 그 방법을 살펴보면 다음과 같은 것이 있다.

1) 수집기

공기 5개를 가지고 하나를 공중에 던진 다음 4개를 땅에 놓고 다시 공중에 던진 돌을 잡는다. 그 다음 집은 돌을 공중으로 올리고 땅바닥에 있는 돌을 하나씩 4번 줍는다. 다음은 둘씩 두 번 줍고 또 다음에는 셋을 한 번에 줍고 나머지 한 개를 줍는다. 그리고 막 줍기를 하는데, 이 막 줍기란 마지막으로 4개를 한꺼번에 집는 것을 말하는 것이다.

2) 기둥 박기

돌 5개 중 3개는 땅바닥에 늘어놓은 다음 남은 2개중 한 개는 공중에 수직으로 높이 던져 놓고 다시 손바닥에 남은 한 개의 돌로 땅바닥에 있는 돌을 마치 기둥 박듯이 콕 찍는 것인데, 이때 돌과 돌이 부딪히는 소리가 들려야 하며 따라서 이 같은 동작을 재빨리 마치고 공중에 던져 놓은 돌이 땅에 떨어지기 전에 손으로 받아야 한다.

3) 알 낳기

왼쪽 손을 왼쪽 가슴에 대고 공기 돌을 4개는 땅바닥에 놓고 1개는 공중으로 높이 던진 다음, 땅에 떨어지기 전에 재빨리 땅바닥에 놓여있는 돌 4개를 한꺼번에 가슴에 댄 왼손에 넣는 놀이이다.

4) 알 품기

왼손을 땅바닥에 반쯤 구부려서 손바닥을 닿게 하여 놓은 다음, 공기 돌 4개는 땅에 놓고 1개는 공중에 던져 그 돌이 땅에 떨어지기 전에, 1개·2개·3개·4개씩 차례로 왼손에 밀어 넣는 놀이인데, 마치 새가 알을 품고 있는 것 같은 데서 알 품기라 이름 붙인 것이다.

5) 알까기

왼손을 땅바닥에 대는데, 이때 손바닥은 땅에 대지 않고 손가락만 닿게 하여 약간 공간이 생기게 하여 둔다. 이렇게 한 다음 공기 돌을 4개는 땅에 흩뜨려 놓고 1개는 공중에 던지는데, 이 돌이 땅바닥에 떨어지기 전에 돌을 왼손 뒤로 1개씩 밀어 내보내야 하는 것이다. 이같은 동작은 마치 새가 알을 까서 새끼가 태어나는 시늉을 하는 것이니, 이 놀이를 이름하여 '알까기'라 하였다.

6) 내리기

앞에서 말한 알 낳기 동작을 푸는 동작이다. 즉 알 낳기에서 공기 돌을 왼손에 넣었던 것을 꺼내어 다시 땅바닥에 내려놓는 동작인 것이다. 알 낳기도 어려웠지만 내리기는 더욱 힘든 놀이이다. 특히 손에서 꺼낸 돌을 땅바닥에 놓을 때는 조용히 신중하게 다루어야 하기 때문이다.

7) 솥 걸기

솥 걸기 놀이는 공기 돌을 우선 땅바닥에 4개를 흩트려 놓고 1개를 공중에 전진 다음 땅에 떨어지기 전에 땅에 있는 공기 돌 3개를 사각형 모양으로 모아 놓는다. 솥젖같이 모아 놓고 그 위에 1개의 공기 돌을 올려놓는다. 마치 솥을 걸듯이 올려놓는 것인데, 이 때 잘못하여 돌이 떨어지면 틀리는 것이다. 이와 같이 솥 걸이 놀이는 다른 동작에 비해 좀 어려운 것이다.

8) 불 때기

불 때기 놀이는 마치 아궁이에 불 때는 시늉을 하는 데서 이름 붙여진 것인데, 왼손을 바닥에 대고 그 속에 공기 돌을 1개씩 밀어 넣는 것이다. 앞에서 말한 알 품기의 방법과 비슷한 동작인데, 다만 돌을 넣을 때는 손가락으로 밀어 넣어야 하며, 또한 돌을 넣을 때는 손 밖으로 밀려 나가지 않도록 조심해야 한다.

이상으로 공기놀이의 여러 가지 동작을 살펴보았다. 공기놀이는 심심할 때 혼자도 할 수 있지만 두 사람이면 어디서나 즐겁게 놀 수 있는 소녀들의 놀이이다. 따라서 여러 사람이 편을 짜서 재미있게 놀 수도 있다.

14. 자치기

자치기 놀이

새끼막대를 어미막대로 쳐서 날아간 거리를 어미막대로 재는데 막대를 자(尺)로 삼아서 거리를 계산하기 때문에 '자치기'라는 이름이 붙었다고 한다.

준비물 : 어미자 45.5㎝), 새끼자 15.0㎝)
집 : 땅바닥에 원을 긋거나 구멍을 파놓는다.

땅바닥에 깊이 3㎝, 길이 10.5㎝의 구멍을 판다. 두 팀으로 갈라서 공격과 수비를 정한다. 수비팀은 전원 외곽에 나가 서는 야구의 수비와 같음. 공격팀은 차례대로 다음과 같이 공격을 한다.

1) 1단계

새끼자를 홈 위에 걸쳐 놓고 어미자로 그것을 떠서 던진다. 이때 수비측이 새끼자를 손으로 받으면 공격한 사람이 실격되며 수비측이 정해진 점수를 얻는다.

받지 못 했을 경우에는 수비측의 누군가가 새끼자를 던져서 구멍 위에 걸쳐 놓은 어미자를 맞히면 공격수는 아웃 된다. 1단계를 통과한 사람은 곧바로 2단계로 들어간다.

2) 2단계

새끼자를 한 손으로 가볍게 던져 올리고 어미자로 멀리 쳐 보낸다. 이때도 수비측이 새끼자를 받으면 수비측이 점수를 얻고 공격수는 아웃이 되지만, 못 받았을 경우에는 집 쪽으로 새끼자를 던져준다. 공격수는 날아오는 새끼자를 멀리 쳐 보낸다. 만일 헛치거나 새끼자가 집에서 한 자 이내에 떨어지면 아웃 된다. 되 때린 새끼자를 수비측이 받아도 아웃 된다. 만약 받지 못하면 새끼자와 집과의 거리를 자로 재어서 공격측이 얻는다. 거리를 목측으로 재서 얼마를 부르면 공격수 부른 거리가 적합하면 통과시키고, 좀 많다고 생각되면 실측을 하도록 해서 어림산목측이 넘게 되면 실격 된다. 어떤 경우에도 새끼자가 뒤로 나가거나 헛치면 실격이 된다.

3) 3단계

집에서 새끼자를 비스듬히 걸쳐 놓고 끝을 어미자로 톡 쳐서 튀어 오른 것을 힘껏 때려서 멀리 보낸다. 이때도 수비측이 받으면 공격수는 아웃이 되지만 받지 못하면 새끼자와 집까지 거리를 공격측이 따게 된다.

15. 다리세기

다리세기 놀이

다리세기는 주로 여자아이들이 하는 놀이다. 둘 이상이 양쪽으로 마주보고 앉아 서로 다리와 다리 사이에 다리를 뻗는다. 이렇게 한 다음 다리세기 노래를 부르면서 다리를 하나씩 차례로 짚어가다가 노래의 제일 끝마디에 해당하는 사람은 다리를 하나 오므린다.

제일 먼저 두 다리를 모두 오므리기가 되는 사람이 이기고 마지막까지 다리를 오므리지 못하고 남는 사람이 그 판에서 꼴찌가 된다. 맨 나중에 다리 하나가 남을 경우에는 방바닥과 다리를 번갈아 센다.

다리세기 놀이를 할 때 부르는 노래는 지역마다 약간씩 다르다.

"한알대 두알대 삼사 나그네 영남 거지 팔대 장군 구두테 뺑 똥기 땡"

"길에 길에 가다가 돈 십 원 주웠다 무슨 돈 주웠니 노란돈 주웠다 무슨 과자 사 먹었니 노란 과자 사 먹었다 무슨 똥 눴니 노란 똥 눴다."

"이거리 저거리 각거리 진주 만주 또 만주 짝바리 오양금 모기밭에 뚝서리"

이처럼 부르는 노래는 약간씩 다르나 규칙은 거의 같다.

16. 깃대 쓰러뜨리기

1) 놀이 장소와 도구

장소 : 공터, 놀이터. 흙이나 모래가 있는 곳 어디나

도구 : 긴 막대, 나무젓가락, 나뭇가지 등

2) 놀이방법

① 모래나 흙을 산처럼 쌓은 다음 나뭇가지를 가운데 꽂아 놓는다.

② 가위바위보나 다른 놀이로 1등부터 순서를 정한다.

③ 1등부터 차례대로 가져가고 싶은 만큼 모래를 가져간다. 조금이라도 꼭 가져가야 한다.

④ 모래를 가져 가다가 깃대를 쓰러뜨리는 사람은 져서 꼴찌가 된다.

⑤ 나머지 사람들은 모래를 많이 가져간 순서대로 다시 순서를 정한다.

⑥ 다시 3번부터 놀이를 반복한다.

깃대 쓰러뜨리기는 운동장 구석에서 흙이나 모래를 쌓아 놓고 주위에 흔한 나무 막대를 주워서 쉽게 할 수 있는 놀이로, 아스팔트위에서 살고 있는 아이들에게 흙을 만져 볼 수 있는 기회를 제공하는 놀이이다. 또한 놀이를 통해 '욕심이 과하면 성공할 수 없다'는 것을 일깨워 줄 수 있는 놀이이다.

17. 깡통차기

1) 준비물

술래잡기의 변형으로서 깡통이라는 놀이감을 하나 추가시켜 게임을 재미있게 이끌어가기 위한 노력이 엿보이는 놀이이다.
준비물 : 빈 깡통에 돌을 넣을 것

2) 게임 방법

① 작은 원을 그리고 그 안에 깡통을 놓는다.
② 술래가 눈을 감고 10-20정도의 숫자를 크게 센다.
③ 그 동안에 숨을 사람 중 하나가 깡통을 차버리고 숨는다.
④ 술래는 깡통을 제자리에 갖다 놓은 다음 숨은 사람을 찾는다.
⑤ 숨은 사람을 모두 찾으면 맨 처음 들킨 사람이 술래가 된다. (들킨 사람 중 가위바위보를 하여 결정하기도 함) 찾는 방법은 술래잡기와 같으며 숨었던 사람이 나와서 깡통을 차면 다시 술래가 된다.

18. 돈치기

　돈치기 놀이는 주로 시골의 청소년들이 넓은 마당에 줄을 그어 놓고 하는 놀이인데, 두 사람이면 할 수는 있으나, 4~5명이면 가장 이상적이다.

1) 놀이방법

　(1) 자기가 서 있는 곳에 가로로 줄을 그어주거나 또는 적당한 표시를 하여 놓고 동전이 그 곳에서부터 약 3미터 전방에 1미터 정도의 줄을 가로로 그은 다음 약 20cm 앞에 동전이 하나 들어갈 정도로 구멍을 뚫어 놓는다.

　(2) 준비를 마친 다음 우선 돈치기의 순서를 정하는데, 이 순서는 제각기 동전을 던져서 구멍 쪽에 가까이 떨어진 사람이 순위가 빠른 것이다.

　(3) 이렇게 순서가 결정되면 첫 번째 사람이 모아진 동전을 주먹에 쥐고, 전방의 구멍을 향해 던진다. 이때 구멍 속에 들어간 것은 공짜로 먹게 되지만, 줄 밑으로 떨어지면 벌금을 내야 한다.

　(4) 다음은 구멍 주위에 흐트러져 있는 돈을 손바닥만한 돌로 상대방이 지정하여 주는 것을 맞추어 먹는 것인데, 이 때는 될 수 있는 한 맞추기 어려운 것을 상대가 지적해준다. 매우 어려운 놀이이다. 이때 만약 지적해 준 것을 맞추지 못하고 다른 동전을 마치게 되면 규칙에 따라 또 벌금을 내야 한다. 돈치기 놀이 역시 지혜롭게 해야 하므로 구멍 속에 넣기가 어려울 바에야 차라리 돈의 간격이 넓게 떨어질 수 있도록 뿌려 놓고 지적하는 것을 명중시켜 따먹는 것이 좋다.

19. 사방치기

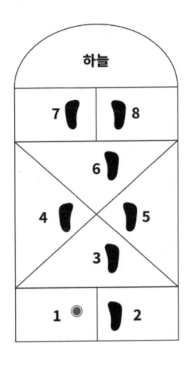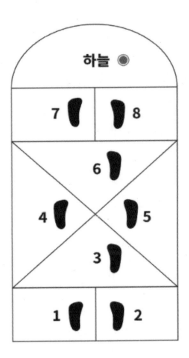

사방치기 놀이 방법

1) 놀이의 유래

1930~1940년대에 유행된 놀이로 그 당시 크게 어떤 놀이 기구가 있는 것이 아니어서 놀이 기구 없이도 할 수 있는 것이 유행되었을 것으로 짐작된다.

2) 놀이 방법

(1) 2~6명이 모여 한 명씩 번호 순서대로 돌을 놓고, 1번부터 8번까지 외발이나 두 발로 갔다가 되돌아온다.

(2) 이때 돌이 옆 칸에 있을 때는 외발로 가고, 돌이 3번과 6번에 있을 때는 1번과 2번, 4번과 5번, 7번과 8번에서 두 발로 간다.

(3) 7번과 8번에서 되돌아올 때는 그 자리에서 동시에 뛰어 뒤로 돌아 발이 8번 7번으로 바뀐다.

(4) 8번까지 끝나면, 뒤로 돌아서 돌을 머리 뒤로 던져서 '하늘'에 돌이 들어가 마지막으로 한 바퀴 돌아 나오면 이긴다.

(5) 돌이 금에 닿거나, 밖으로 나가거나, 뛰다가 발이 금에 닿으면 죽게 된다.

* 하늘까지 완주하면 돌을 던져 들어간 칸은 내 땅이 된다.
* 상대 팀은 뛰어 넘어가야 하며 내 땅에서는 좀 쉬었다가 다시 놀이를 시작할 수 있다.

3) 놀이 효과

(1) 외발 서기 기능과 다리 근육을 발달시켜 주고, 균형 감각을 길러 준다.
(2) 발 기능의 정확성과 끈기력을 길러 준다.

20. 땅따먹기 놀이

1) 장소와 도구

장소 : 운동장, 놀이터, 공터등으로 아이들이 자유롭게 놀수 있는 공간

도구 : 작은 자갈돌 이나 지우개 등이 사용(1인당 하나씩)

2) 놀이 방법

(1) 땅에 큰 원이나 큰 사각형을 그린다.

(2) 1번에서 만든 원이나 사각형 구석에 자기 손가락의 뼘을 재어 자기집을 만든다.

(3) 가위바위보로 순서를 정한다.

(4) 자기집을 시작으로 돌이나 지우개를 3번 퉁겨서 다시 자기집으로 다시 돌아온다.

(5) 돌이 지나간 자리의 안쪽이 자기 집이 된다.

(6) 3번 이내에 자기집으로 들어오지 못할 경우 순서가 바뀐다.

(7) 따먹을 땅이 없을 때까지 계속하고 가장 많은 땅을 차지한 사람이 이긴다.

* 남의 땅으로 들어간 돌도 퉁겨서 자기집으로 돌아오면 남의 땅을 차지할 수 있다.

* 돌을 퉁길 때는 엄지와 집게손가락이나 가운데손가락 손톱으로 퉁긴다.

21. 어깨동무 씨 동무

1) 노래

어깨동무 씨동무 미나리 밭에 앉았다.

어깨동무 까치동무 보리가 나도록 살아라.

2) 놀이 방법

(1) 갔다 올 지점을 먼저 정한다.

(2) 술래는 없고 노래가 끝나는 지점에 한 사람씩 떼어 놓는다.

(3) 마지막 한 사람이 남으면 되돌아온다.

(4) 되돌아오면서 갈 때 떼어 놓은 사람을 한 사람씩 다시 데리고 온다.

22. 세 번 돌고 절하기

1) 놀이 방법

(1) 가위 바위 보로 술래를 정한다.

(2) 나머지 사람들은 술래의 주위에 손을 잡고 둘러선다.

(3) 손을 잡고 빙빙 돌면서 술래에게 묻는다.

　"여보 여보, 당신은 누구 십니까?"

(4) 가운데 선 술래는 다음과 같이 답한다.

　"나는 소녀 (소년) 봉사(장님) 입니다."

(5) 주위 사람들은 계속 돌면서 묻는다.

　"뭣 때문에 여기까지 오셨습니까?"

(6) 술래가 답한다.

　"여러분과 놀고 싶어서 왔어요."

(7) 그러면 주위 사람들이 술래에게 요구한다.

　"그러면 세 번 돌고 절을 하세요."

(8) 술래는 눈을 감은 채 그 자리에서 돌면서 세 바퀴를 돈다.

(9) 세 바퀴 도는 것과 동시에 주위사람들도 모두 그 자리에 선다.

(10) 술래는 선 자리에서 정면을 향하여 절을 한다.

(11) 절을 받는 사람이 술래가 되고 다시 놀이를 위와 같이 한다.

23. 문 놀이

1) 노래

동동동대문을 열어라. 남남남대문을 열어라.

열두 시가 되면은 문을 닫는다.

2) 놀이 방법

(1) 두 사람이 문을 만들고 다른 사람들은 길게 앞사람 어깨를 잡고 늘어 선다.

(2) 다 같이 노래를 부르며 문 사이를 지나서 멀리 돌아온다.

(3) '닫는다'에서 손을 내려 지나는 사람을 잡는다.

(4) 잡힌 사람은 술래가 되어 문을 여러 개 만든다.

(5) 많은 문을 다 돌아다니며 마지막 한 사람 남을 때까지 계속 한다.

24. 굴렁쇠 놀이

굴렁쇠 놀이

옛 사람들은 곡식이나 술 등을 둥근 통에 넣어 보관하거나 운반하기도 하였다. 그런데 둥근 통을 운반하기 위해서는 특별한 기술이 필요했으며, 이러한 기술을 배우는 방법으로 놀이가 유래되었을 것으로 전해지고 있다.

이 굴렁쇠는 '둥그런 쇠'라고도 불리어 진다.

1) 기구 만들기

자전거 바퀴처럼 홈이 있는 굴레 : 길이 50cm 정도의 가늘고 탄력성이 있는 막대(대나무가 좋음)

홈이 없는 통 굴레 : 굵은 철사로 자를 만들어 대나무에 끼운다.

2) 놀이 방법

굴렁쇠 놀이는 크게 두 가지로 나누는데, 하나는 릴레이식 놀이이고, 다른 하나는 전차 놀이이다.

(1) 릴레이식 놀이 : 먼저 목표를 정해 놓고 빨리 달려 돌아오는 쪽이 이기는 경기이 며, 양편으로 나뉘어 릴레이식으로 계속 반복하여 최종 주자가 먼저 도착하는 팀이 이긴다.

(2) 전차놀이 : 일정한 곡선 등 여러 가지 선을 그어 놓고 쓰러뜨리지 않고 곡선대로 굴레를 굴리는 방법으로 주로 개인 경기에서 많이 이용되었다. 놀이를 할 때는 "둥 글둥글 굴렁쇠야, 굴러굴러 어디 가니?" 하는 노래를 부르며 즐겁게 흥을 돋구기도 한다.

25. 칠교놀이

일곱 개의 조각을 이용하여 여러 개의 형태를 만들며 노는 놀이이다.

일곱 개의 조각만 있으면 무엇이든지 만들 수 있다.

1) 칠교판 만들기

색종이로 칠교를 접어서 여러 가지 모양을 만들면서 노는 놀이 칠교판, 칠교도, 유객판, 지혜판 등으로 부른다

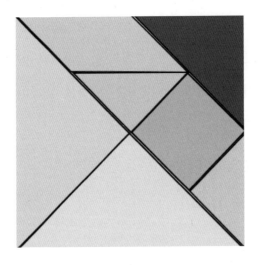

2) 여러 가지 유형 만들어 보기

(1) 일곱 개의 조각을 빼지도 더하지도 않아야 한다.

(2) 처음에 보고 맞추는 것은 결국 창작 칠교를 하기 위한 준비과정이다.

(3) 이미 만들어진 모양을 흉내 내는 것에 그치는 것이 아니라 자기의 생각으로 어떤 새로운 형태를 만드는 것이 칠교놀이의 가장 큰 재미이다.

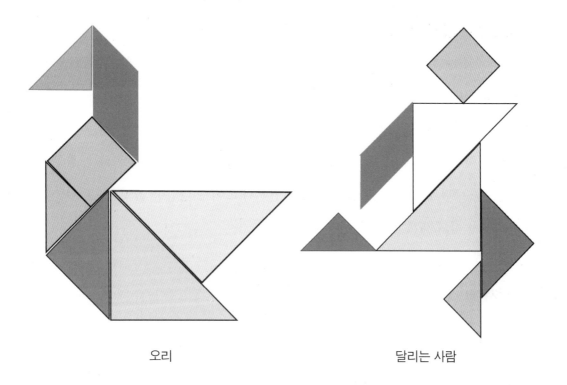

오리 달리는 사람

칠교조각을 색종이로 접고 사각형 만들기

26. 신문지 활용놀이

1) 신문지 놀이란?

아이들은 하루가 다르게 성장하며 넘치는 힘을 분출하지 못해 주체 못하는 경우가 많다. 신문지는 주변에 흔한 놀잇감의 재료다. 안전하고 아주 다양한 놀잇감으로 변신하는 무궁무진한 놀이의 세계를 펼쳐 보일 수 있다.

2) 신문지 놀이의 종류

(1) 신문지 찢기 놀이를 한다

(2) 길게 찢어진 신문지를 이용하여 인디언 옷, 먼지떨이 등을 만들어본다.

(3) 신문지를 둥글게 구겨서 신문지 눈싸움이나 공놀이를 한다.

(4) 신문지로 터널을 만들어주고 아이들이 통과하도록 한다.

(5) 신문지를 이용해서 모자 만들기와 옷 만들기를 할 수 있다.

(6) 그 외 흥부네 집 이불, 딱지 접기 등 생각하는 모든 게 놀이가 된다.

3) 놀이효과

(1) 주변의 폐지를 이용한 재활용 놀이이다.

(2) 다칠 염려 없이 맘껏 찢고 던지며 스트레스를 날릴 수 있다.

(3) 여러 가지 새로운 유형의 놀이를 만들어보며 창의성을 기른다.

(4) 놀이세계의 무한한 가능성이 열려 있어 상상력이 증대된다.

4) 신문지 활용한 모자 접기

주교 모자

학사 모자

해군 모자

27. 실뜨기

실뜨기는 180센티 정도의 실이나 노끈으로 양끝을 연결하여 실태를 만들고, 두 사람이 마주 앉아 실을 번갈아 손가락으로 걸어 떠서 여러가지 형태를 만드는 놀이로 어디서든지 간단히 즐길 수 있다. 실뜨기는 우리나라뿐 아니라 전 세계 어느 곳에서나 행해지고 있다. 특히 에스키모와 아메리카 인디언들이 실뜨기 놀이를 발전시켰는데, 그들에게 실뜨기는 놀이 이상의 의미를 지니고 있다. 아쉽게도 실뜨기에 대한 우리나라의 문헌 기록은 없다.

한국에서는 주로 여자 아이들이 하는 놀이인데, 둘이 주고받는 것이 일반적이다. 둘이 하는 경우에는 한 사람이 실 또는 노끈을 양쪽 손목에 걸쳐 놓고 손가락으로 모양을 만들면 다른 사람이 손가락으로 다른 모양을 만들면서 자기손으로 옮겨간다.

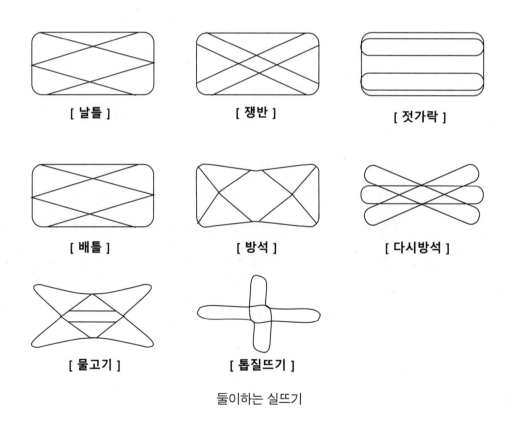

[날틀]   [쟁반]   [젓가락]

[배틀]   [방석]   [다시방석]

[물고기]   [톱질뜨기]

둘이하는 실뜨기

1) 혼자하는 실뜨기

고양이 수염, 리본, 나비넥타이, 화살, 별, 기차(손가락빼기), 큰 대접, 왕관, 도깨비 뿔 에 펠탑, 꽃게, 나비, 안경, 사다리, 움직이는 강아지 등 여러가지가 있다.

2) 고양이 수염 실뜨기

왼손 중지 걸고 오른손 중지 걸고 오른손 손바닥을 밖으로 밀면서 엄지손가락을 감싸고 손등으로 돌린다.(이때 손바닥이 나를 향해 보고 있다.)

왼손 새끼로 오른손 바닥에 있는 두 줄을 떠오고 오른손 새끼로 왼손바닥 중지에 걸린 실을 떠온다.

오른손 실등의 실을 손바닥 쪽으로 넘기며 박수 "짝!"

실을 코 밑에 대면서 "야옹" "야옹" 고양이.

- 새끼에 걸린 실을 빼고 머리에 올리면 리본 머리띠
- 목에 대면 나비넥타이 박수 "짝!" 하고 중지만 남기고 풀어준다.

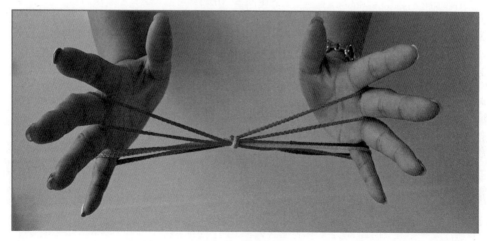

고양이 수염 실뜨기

3) 주먹 마술

기본 실뜨기 한 후 가운데 구멍에 주먹을 넣는다. 박수 "짝!" 치며 양손 엄지만 놔두고 다른 손가락 실을 다 빼면 주먹이 묶여 있다. 이 과정을 한번 더하면 주먹이 두 번 묶인다.

■ 풀어줄 때 : 기본 실뜨기 한 후 주먹을 위에서 아래로 넣게 한 후 양손

엄지만 놔두고 다른 손가락 실을 다 빼면 풀린다.

- 엄마 말 잘 들었어요? 밥 많이 먹었어요?

- 친구들과 사이 좋게 지냈어요?

- 말을 잘 들었는지 확인해 볼까요?

- 말을 주고 받으며 실뜨기를 할 수 있다.

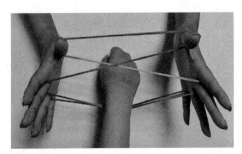

주먹마술 실뜨기

4) 놀이 효과

(1) 판단력과 말초신경에 감각훈련에 도움이 된다.

(2) 체력에 관계없이 여럿이 같이 놀 수 있어 협동심과 준법성을 길러준다.

(3) 여러가지 새로운 모양을 만들어 내는 창조성을 기른다.

(4) 침착성과 집중력을 길러준다.

(5) 서로 주고받으면서 상호 공감성과 배려심을 키워준다.

28. 신발던지기 놀이

신발던지기 놀이

놀잇감이 없던 과거에는 신발도 재미 있는 놀이도구였다. 단순히 던지기만 하는 놀이지만 혼자 해도, 그리고 두 명 이상이 함께 해도 즐거운 놀이다. 신체 발달은 물론 집중력을 키우기도 좋다.

1) 놀이방법

(1) 바닥에 원형으로 목표물을 그린다

(2) 원과 약간 떨어진 곳에 출발선을 그리고 발로 신발을 던진다

(3) 팀을 나누어 점수를 매기는 방식으로 놀이해도 좋다

2) 놀이요령

놀이 시 지켜야할 약속에 대해 미리 이야기를 나눈다. 신발 분실에 위험이 있고 사람을 향해 던지면 다칠 수 있으니 정해진 장소에서 규칙을 지키며 놀이해야 한다. 신발로 할 수 있는 다른 놀이로는 멀리 던지기, 탑쌓기, 투호놀이 등이 있다.

29. 여우야 여우야 뭐 하니?

1) 놀이 방법

(1) 가위바위보로 술래 한 명을 정한다.

(2) 출발선에서 약 3m 정도 되는 지점에 동그라미를 그리고 술래(여우)가 그 안에 뒤돌아 앉는다.

(3) 술래를 뺀 나머지 아이들은 출발선에서부터 다음과 같이 노래를 부르며 한 발 한 발 술래에게 다가간다.

노래 : 한 고개 넘어서 아이고 다리야.

두 고개 넘어서 아이고 허리야.

세 고개 넘어서 아이고 어깨야.

(4) 술래 가까이에 다다르면 다음과 같이 노래한다.

친구들 : 여우야 여우야 뭐하니?

술 래 : 잠 잔다

친구들 : 잠꾸러기

친구들 : 여우야 여우야 뭐하니?

술 래 : 세수한다

친구들 : 멋쟁이

친구들 : 여우야 여우야 뭐하니?

술　래 : 밥 먹는다

친구들 : 무슨 반찬?

술　래 : 개구리 반찬

친구들 : 죽었니? 살았니?

(5) 노래 끝 부분에서 술래의 말에 따라 다음과 같이 행동할 수 있다.

술　래 : 죽었다 / (친구들) 얼음땡처럼 멈추어선다. 움직이면 술래가 된다.

　　　　살았다 / (친구들) 재빨리 출발선으로 뛰어간다.

　　　　만약 술래가 치면 그 사람이 술래가 된다.

(6) 만약 술래가 한 명도 치지 못했을 때는 다시 술래가 된다.

(7) 술래가 여러 명을 쳤을 경우에는 가위바위보로 술래를 정한다.

30. 얼음 땡

1) 놀이 개요

술래잡기 놀이 중에서 아이들이 가장 많이 하는 놀이이며 전국 어디에서나 이 놀이를 하는 것을 볼 수 있다.

술래잡기의 기본적인 치기 동작에 "얼음"과 "땡"이라는 요소를 추가한 것이다. 놀잇감 없이 쉽게 할 수 있다. 활동량이 무척 많은 놀이이다.

2) 놀이 방법

(1) 몸동작을 이용해서 또는 가위바위보를 한 후 술래를 정한다.

(2) 술래는 "무궁화 꽃이 피었습니다"를 크게 외치고 다른 아이들을 치러 다니면서 시작한다.

(3) 술래는 아이들을 치러 다니고 술래가 아닌 사람은 술래를 피해서 도망 다닌다.

(4) 도망 다니는 아이가 '얼음' 하고 외치면서 움직이지 않고 가만히 있으면 술래는 그 아이를 치지 못한다.

(5) "얼음" 하지 않은 아이 가운데 누구든지 "얼음" 한 아이를 쳐주면서 "땡"이라고 하면 그 아이는 다시 자유롭게 다닐 수 있다.

(6) 술래에게 치이거나 "얼음"을 하고도 움직인 사람이 술래가 된다.

(7) 술래가 바뀌면 다른 사람에게 술래가 되었음을 알리고 "무궁화 꽃이 피었습니다"를 크게 외치고 새롭게 놀이를 시작한다.

3) 활동 시 유의점

(1) 구역을 정해 놓고 하면 너무 멀리 가는 사람이 없이 가까이에서 놀 수 있어 좋다.

(2) 술래가 누구인지 알 수 있도록 한다.

(3) 지역에 따라 '얼음 망치', '얼음 살이', '얼음 꽝', '얼음 물(물처럼 자유롭게 움직일 수 있음)', '얼음 불(얼음은 불에 닿으면 녹음)', '얼음 풀(얼음에서 풀려남)' 등으로 불린다. 전국적으로 널리 행해졌다.

변형놀이에 대해서 서로 이야기하고 규칙을 정해서 놀이에 참여한다.

4) 교육적 효과

(1) 놀이의 규칙과 질서를 지킬 수 있다.

(2) 놀이를 통하여 친구와 친근감을 갖고 정서 및 사회성 발달에 도움을 준다.

(3) 여러 명이 함께 놀이를 하므로 서로를 이해하고 협력할 수 있다.

31. 꽃 찾기 놀이(우리집에 왜 왔니?)

1) 놀이 방법

(1) 편을 둘로 나눈다.

(2) 1미터 정도 거리를 두고 마주 서며, 같은 팀은 손을 잡는다.

(3) 대장이 가위바위보를 해서 진 편이 먼저 시작한다. (두 팀이 서로 마주보고 전진과 후진을 동시에 진행한다)

* 진 팀 : 우리 집에 왜- 왔니 왜왔니 왜왔니 (진 팀이 앞으로)

* 이긴 팀 : 꽃 찾으러 왔단다 왔단다 왔단다 (이긴 팀이 앞으로)

* 진 팀 : 무슨 꽃을 찾으러 왔느냐 왔느냐 (진 팀이 앞으로)

* 이긴 팀 : ○○꽃(상대방 이름)을 찾-으러 왔단다 왔단다 (이긴 팀이 앞으로)

두 팀이 함께 가위바위보 : 진 팀의 ○○꽃과 이긴 팀의 주장이 가위바위보를 해서 진 사람은 이긴 팀으로 이동하고 대열을 정리한다.

* 이긴 팀 : 이겼다 꽃바구니 하나 얻었다 (이긴 팀이 앞으로)

* 진 팀 : 졌다 분하다 말도 말아라 (진 팀이 앞으로)

이와 같이 되풀이하다가 어느 한 쪽 편으로 모두 가면 끝난다.

32. 딱지치기

1) 놀이 방법

(1) 딱지 뒤집어 먹기

가위바위보로 순서를 정하고 차례에 따라 바닥에 놓여 있는 딱지를 내려친다. 이때 상대방의 딱지가 뒤집히면 뒤집힌 딱지는 내려친 사람의 것이 된다. 딱지를 내려쳤지만 바닥의 딱지가 그대로 있으면 순서는 다음 사람에게 넘어간다.

(2) 딱지 쌓아 놓고 뒤집어 먹기

딱지를 여러 장씩 쌓아 놓고 가위바위보로 순서를 정하여 차례에 따라 딱지를 내려치게 되는데 이때 제일 위에 있는 딱지가 뒤집히면 바닥에 있던 딱지 모두는 딱지를 내려친 사람의 것이 된다. 딱지를 내려친 사람이 바닥에 있던 딱지를 가져가면 다시 다른 딱지들을 바닥에 내려놓고 놀이를 계속한다.

(3) 딱지를 쳐서 원 밖으로 밀어내기

바닥에 지름이 70~80cm 정도의 원을 그려 놓고 그 원 안에 딱지들을 내려놓은 후 가위바위보로 순서를 정하여 차례에 따라 딱지를 내려치게 되는 데 이때 원 밖으로 나간 딱지는 딱지를 내려친 사람의 것이 된다. 놀이는 바닥에 놓인 딱지가 모두 없어질 때까지 계속된다.

(4) 딱지를 내리쳐서 바닥에 놓인 딱지 떠받치기

각자 딱지를 바닥에 내려놓고 가위바위보를 하여 순서를 정한 후 차례에 따라 딱지를 내려치는데 내려친 딱지가 상대방의 딱지 밑으로 들어가면 내려친 딱지 위의 것은 내려친 사람의 것이 된다. 내려친 딱지는 아니더라도 다른 딱지가 딱지 밑에 들어가면 그 위의 딱지는 내려친 사람의 것이 된다.

2) 딱지 만드는 방법

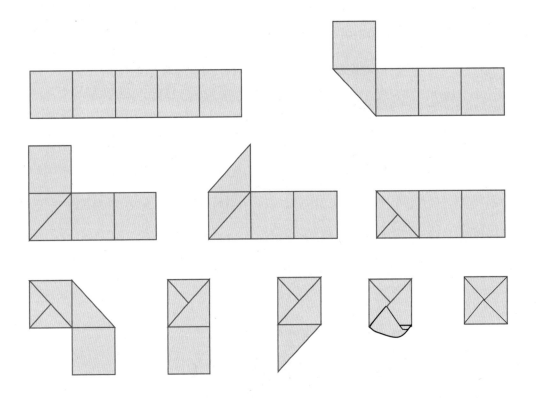

33. 죽방울 놀이

죽방울 놀이

1) 죽방울 놀이란?

죽방울이란 나무를 장구모양으로 깎아 실을 이용하여 공중에 띄우며 기예를 부리던 놀이로 보부상들과 걸립패들이 하던 놀이다. 그렇게 자유자재로 하기까지는 상당한 정도의 숙련과 기술이 필요한데, 그 죽방울을 변형한 '종이컵죽방울' 놀이다. 일본의 캔다마라는 놀잇감과 비슷하지만 훨씬 쉽기에 아이부터 노인들까지 즐길 수 있다.

2) 죽방울 만들기 순서

(1) 종이컵 밑에 젓가락이 들어갈 흠집 내기

(2) 나무젓가락을 넣고 테이프로 고정시키기

(3) 실에 너트를 묶고 너트에 볼클레이로 방울을 매달아 주고 나무젓가락에 묶어준다. (숲놀이에서는 솔방울을 주워서 방울 대신 솔방울을 달아준다)

(4) 컵 속에 방울 넣기 시합을 하며 논다.

3) 놀이효과

(1) 종이컵이나 젓가락 등 폐품활용 재활용놀이이다.

(2) 놀잇감을 만들며 소근육을 발달시킨다.

(3) 놀이를 통해 몸의 균형과 조절능력 등을 키운다.

(4) 침착성과 민첩성, 순발력을 키워준다.

(5) 손과 눈의 협응력을 길러준다.

34. 쌩쌩이 놀이(단추 돌리기)

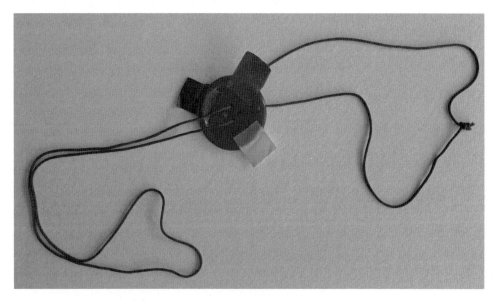

쌩쌩이 놀이

쌩쌩이는 단추와 실만 있으면 혼자서라도 흥미있게 할 수 있는 놀이이다.

1) 놀이 방법

(1) 실과 구멍이 2개 이상 뚫린 단추를 준비한다.

(2) 단추 구멍에 실을 집어넣고 실의 끝을 묶는다.

(3) 실에 손을 걸친 다음 단추를 가운데로 가게 한다.

(4) 실을 한 쪽 방향으로 흔들어 많이 감는다.

(5) 실이 많이 감겼다고 생각되면 양쪽으로 잡아당긴다. 단추가 혼자 반대방향으로
돌기 시작하면 실을 놓아준다.

⑹ 실을 잡아당겼다 놔 주기를 반복한다.

2) 활동시 유의점

⑴ 실 두께가 굵은 것으로 사용하고 단추는 구멍이 두 개 이상 뚫린 것을 사용한다.

⑵ 처음에 잘 돌아가지 않는다고 하면 여러 번 반복해서 성취감을 경험할 수 있도록 한다. 창의놀이로는 물보라 쌩쌩이가 있다.

⑶ 종이에 원을 그리고 색연필로 그림을 그린 후 종이 쌩쌩이 놀이를 할 수 있다.

35. 고무줄 놀이

고무줄놀이는 경쾌한 노래와 함께 고무줄만이 갖는 탄력성, 재미있는 발과 다리의 동작이 어우러져 보통 줄을 갖고 하는 놀이와 다른 생동감을 더해주는 놀이이다. 지방마다 노래와 동작이 조금씩 다르나 놀이와 노래, 춤이 함께 잘 어우러진 완성도가 높은 놀이이기에 현재도 아이들이 즐겨 많이 하는 놀이이다.

1) 놀이방법

(1) 고무줄은 최소한 3m 이상이 되어야 하며, 보통 줄을 잡고 있는 사람이 있어야 하기 때문에 편으로 나뉘어 한다. 가위바위보로 편을 나누고, 진 편이 먼저 고무줄을 잡고 있으면 이긴 편에서 특정한 노래에 맞춰 동작을 취하면서 놀이를 한다.

(2) 만일 한 아이가 중간에 잘못하면 죽고 다음 번 아이는 다시 처음부터 시작한다. 간혹 죽은 부분부터 다음 사람이 이어서 하는 곳도 있다.

(3) 이렇게 해서 죽지 않고 성공하면 다음 단계 동작으로 넘어간다. 다음 동작은 고무줄의 높이를 발목 →무릎 →넓적다리→궁둥이→허리→겨드랑이→어깨→목→귀→머리→머리 위 손 한 뼘→머리 위 손 두 뼘→머리 위로 팔을 들어올린 높이까지 한다.

(4) 노래에 맞춰 하는 발 동작으로는 '다리에 감기', '줄 밟기', '뛰어넘기', '발 엇갈려 뛰기', '두 발로 줄 밟기' 등이 있다.

(5) 자기편이 모두 죽으면 줄을 잡고 있던 진 편과 역할을 바꾸어서 하고, 다음 차례가 되면 전 판에 죽은 단계에서부터 이어서 한다. 어느 편이든 먼저 마지막 단계까지 통과하면 이기게 된다. 고무줄의 줄 수에 따라 외줄, 두 줄, 세 줄(삼각형)로 놀이 방법을 나누기도 한다.

2) 고무줄 놀이 노래 모음

〈금강산〉

금강산 찾아가자 일만이천봉

볼수록 아름답고 신기하구나

철 따라 고운 옷 갈아입는 산

이름도 아름다워 금강이라네 금강이라네

금강산 보고 싶다 다시 또 한번

맑은 물 굽이쳐 폭포 이루고

갖가지 옛이야기 가득 지닌 산

이름도 찬란하여 금강이라네 금강이라네

〈이슬비〉

이슬비 내리는 이른 아침에

우산 셋이 나란히 걸어갑니다.

빨간 우산 파란 우산 찢어진 우산

좁다란 학교 길에 우산 세 개가

이마를 마주 대고 걸어갑니다.

〈장난감 기차〉

장난감 기차가 칙칙 떠나간다. 과자와 사탕을 싣고서

엄마 방에 있는 우리 아기한테

갖다 주러 갑니다.

36. 두꺼비집 짓기

1) 장소

모래와 흙이 있는 공터나 공원 (비 온 다음 날은 모래가 젖어 있어서 놀이하기 적당하다)

2) 놀이 방법

(1) 모래속에 한 손을 넣고 그 위에 모래를 덮는다.

(2) 모래를 덮고 잘 두드리면서 노래를 부른다.

(3) 노래가 끝나면 손을 살며시 뺀다.

(4) 손을 뺀 후 집이 무너지지 않아야 된다

36. 소라놀이

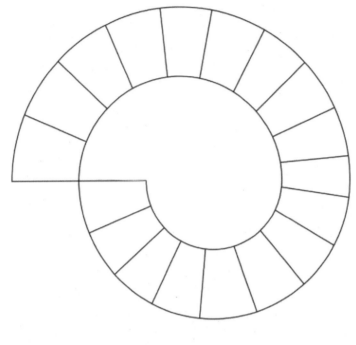

소라놀이

1) 장소와 준비물

　　장소 : 공터, 운동장, 놀이터 등

　　준비물 : 작은 돌, 나무토막 등

2) 놀이 방법

　　(1) 땅에 소라모양을 그린다.

　　(2) 둘로 편을 만든다.

(3) 공격과 수비를 결정한다.

(4) 한발 뛰기로 한 번에 한 칸씩 뛰어나온다.

(5) 금을 밟거나 든 발을 땅에 딛지 않고 밖으로 나온다.

(6) 밖으로 나와서 두발로 자리를 잡고 뒤돌아서 머리위로 돌을 소라안으로 던진다.

(7) 돌이 금에 닿지 않고 제대로 들어가면 그 땅은 자기 편 땅이 된다. 만약 돌이 금에 닿으면 죽는다.

(8) 무사히 땅을 차지하면 한 발 뛰기로 돌아가면서 떨어진 돌을 줍고 그 자리에 자기편 표시를 한다. 그러면 자기 땅이 되는 것이다.

(9) 자기 땅에서는 두 발로 쉴 수 있고, 남의 땅에서는 건너뛰어야 한다.

(10) 죽으면 다음 사람이 이어서 하고, 모두 죽으면 수비가 바뀐다.

(11) 다음 팀 공격은 위와 같은 방법으로 한다.

(12) 땅을 많이 차지하는 편이 이긴다.

* 죽는 경우

(1) 돌이 소라 안 금에 닿았을 때

(2) 금을 밟거나 발을 땅에 딛었을 때

(3) 남의 땅을 건너지 못했을 때

(4) 남의 땅에 돌이 들어갔을 때

숨, 쉼, 삶이 있는 창의 인성 소통

전래·전통 놀이

전래동요

PART Ⅲ

대문놀이

전래동요

문지기 문지기 문 열어라 - 열 쇠 없 어 못 열겠 네

어 떤 대문에 들어 갈 까 -
1. 동 대 문 에 들 어 가
2. 서 대 문 에 들 어 가
3. 남 대 문 에 들 어 가
4. 북 대 문 에 들 어 가

문지기 문지기 문 열어라 - 덜 커덩 떵 열 렸 다

고사리 꺾자

실구대 소리

전래 동요

1.실 구대실 구대- 실구대를 이늘어가네
2.꼬 꾸대꼬 꾸대- 꼬꾸대를 이늘어가네
3.절 이세절 이세- 배-추김 치절-이세

앞 뜰 에일 나간 엄-마빨 리돌아오소
앞 뜰 에일 나간 아-빠빨 리돌아오소
앞 뜰 에일 나간 아-빠엄 마돌아오소

♩.=100 세마치

밀양아리랑

김경호·신인자 창
서정매 채보

날 좀 보--소 날좀 보--소 날 좀--보-- 소 ----
정든 님--이 오셨는--데 인 사를--못-- 해 ----

동지 섣 달-- 꽃본 듯 이-- 날 좀--보- 소 ----
행주 치 마-- 입에 물 고-- 입 만--방 -굿 ----

아 리아 리랑 쓰 리쓰 리랑 아라 리-가났-- 네 ----

아 리 랑-- 고 개 로-- 날 넘-겨주 - 소 ---

너영나영

세마치

제주도민요
고니소리

C   Am

아 ― 침 에 우 ― 는 새 는 배 가 고 파 ― 울 ― 고 요
호 ― 박 은 늙 ― 을 수 록 맛 ― 이 나 ― 좋 ― 구 요

C   Dm   C

저 ― 녁 에 우 ― 는 새 는 임 이 그 리 워 ― ― 운 다 ―
사 ― 람 은 늙 ― 을 수 록 보 기 가 ― 좋 ― ― 아 요 ―

C   Am

너 ― 영 ― 나 ― ― ― 영 두 리 둥 실 ― 놀 ― ― 고 요

C   Dm   C

낮 에 낮 에 나 밤 ― 에 밤 에 나 내 사 랑 이 로 ― ― 구 나 ―

군밤타령

자진모리   경기 민요

두꺼비

전래동요

두껍아 두껍아 헌 집 줄 게 새 집 다 오

두껍아 두껍아 물 길 어 오너라 너 희집 지 어줄게

두껍아 두껍아 너희집에불났다 쇠스랑 가지고 뚤레뚤레오너라

덕석몰기

아침바람

아 침 바 람 찬 바 람 에 　 울 고 가 는

저 기 러 기 　 우 리 선 생 　 계 실 적 에

엽 서 한 장 　 써 주 세 요 　 　 한 장 말 고

두 장 이 요 　 　 두 장 말 고 　 세 장 이 요

구 리 구 리 구 리 구 리 　 가 위 바 위 보

나물노래

꼭꼭 숨어라

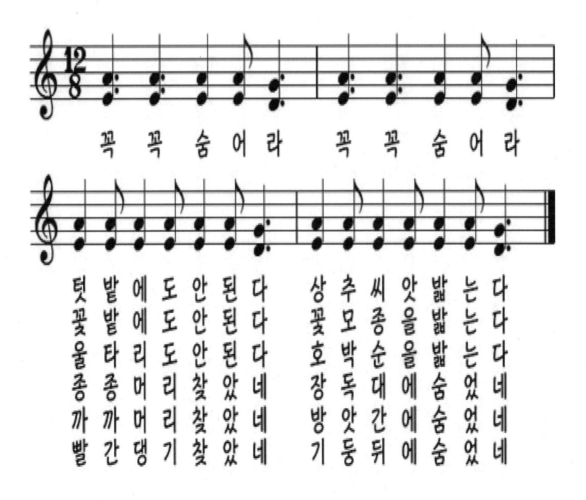

꼭 꼭 숨 어 라 꼭 꼭 숨 어 라

둥개 둥개 둥개야

이 거리 저 거리 각 거리

전래 동요

1. 이 거리 저 거리 각 거리 천 사 만 — 사 다 만 — 사
2. 한 알 대 두 알 대 세 알 대 팔 대 장 — 군 고 두 레 뻥
3. 한 갈 래 두 갈 래 각 갈 래 인 사 만 — 사 주 머 니 끈
4. 만 — 두 만 — 두 도 만 두 찍 — 가 — 리 하 얀 — 굴
5. 한 다 리 두 다 리 세 다 리 인 사 만 — 사 주 머 니 끈

조 — 리 김 치 장 독 간 총 — 채 비 파 리 딱 땡
제 — 비 싹 싹 무 감 주 보 리 찍 답 찍 한 기 띠
똘 — 똘 말 아 서 장 두 칼 어 망 갑 주 허 리 띠 이
노 주 나 찍 찍 장 장 뚜 깨 모 기 발 에 덕 살 이
칠 — 팔 월 에 무 사 리 동 지 선 달 대 살 이

불무불무

전래동요

불무-불무-불무 야-　부르륵 딱딱 불무-야

이불 무가 누불 무나　할아버지불무 로구 나

할머니불무 로구 나　불무 물무-불무 야

한쪽 다리 번쩍들어　두쪽 다리 번쩍 들어

불무 불무 불무 야　부르륵 딱딱 불무 야

147

잘잘잘

하 나 하 면 할 머 니 가　지팡이를짚는다고잘 잘 잘
둘 - 하 면 두 부 장 수　두부를 판다고 잘 잘 잘
셋 - 하 면 새 색 시 가　거울을 본다고 잘 잘 잘
넷 - 하 면 냇 가 에 서　빨래를 한다고 잘 잘 잘
다 섯 하 면 다 람 쥐 가　도토리를줍는다고잘 잘 잘

여 섯 하 면 여 학 생 이　공부를 한다고 잘 잘 잘
일 곱 하 면 일 꾼 들 이　나무를 벤다고 잘 잘 잘
여 덟 하 면 엿 장 수 가　호박엿을판다고 잘 잘 잘
아 홉 하 면 아 버 지 가　신문을 본다고 잘 잘 잘
열 - 하 면 열 무 장 수　열무가왔다고 잘잘잘(열무사려!)

어깨동무

리듬을 타면서

전래동요

1. 동 무 동 무 어 깨 동 무   어 디 든 지 같 이 가 고
2. 동 무 동 무 어 깨 동 무   해 도 달 도 따 라 오 고

동 무 동 무 어 깨 동 무   언 제 든 지 같 이 놀 고
동 무 동 무 어 깨 동 무   너 도 나 도 따 라 놀 고

149

숨, 쉼, 삶이 있는 창의 인성 소통

전래·전통 놀이

부록

---

1. 고누놀이 8개

2. 칠교놀이 8개

고누놀이 8개

호박고누

나홀로 고누

넉줄고누

바퀴고누

여섯줄고누

우물고누

참고누

팔팔고누

- 호박고누 -

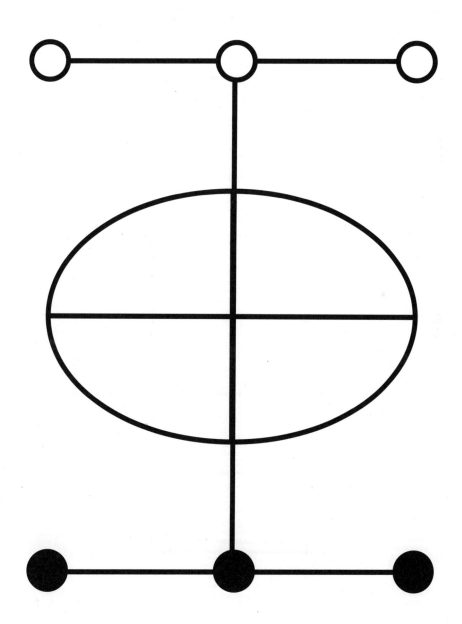

- 나홀로고누 -

- 넉줄고누 -

- 바퀴고누 -

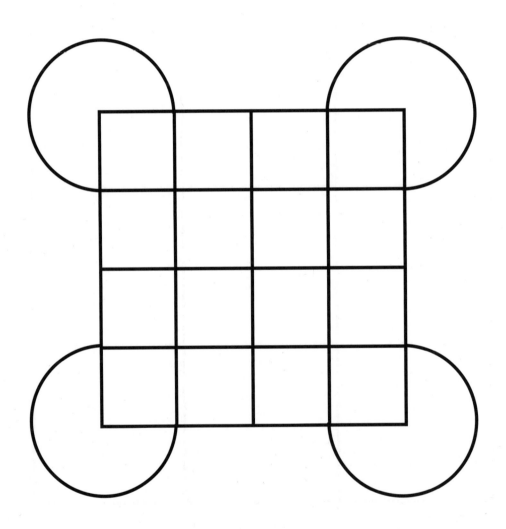

- 여섯줄고누 -

- 우물고누 -

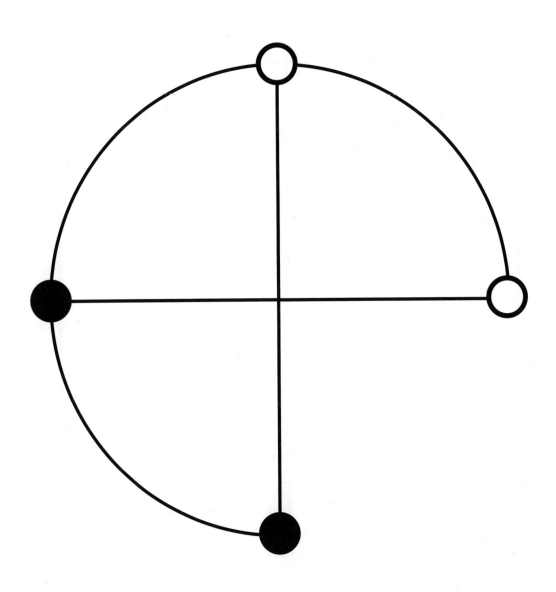

- 참고누 -

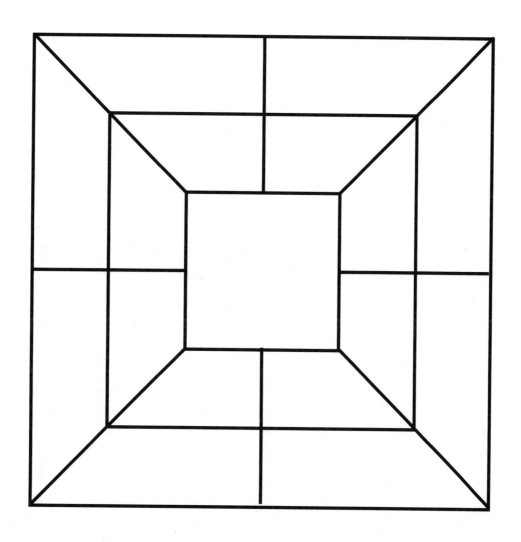

- 팔팔고누 -

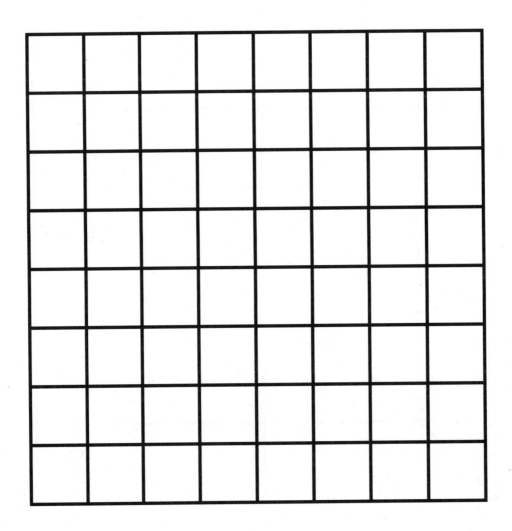

칠교놀이 8개

사각형

달리는 사람

오리

의자

토끼

나무

고양이

여우

칠교놀이

칠교놀이

달리는 사람

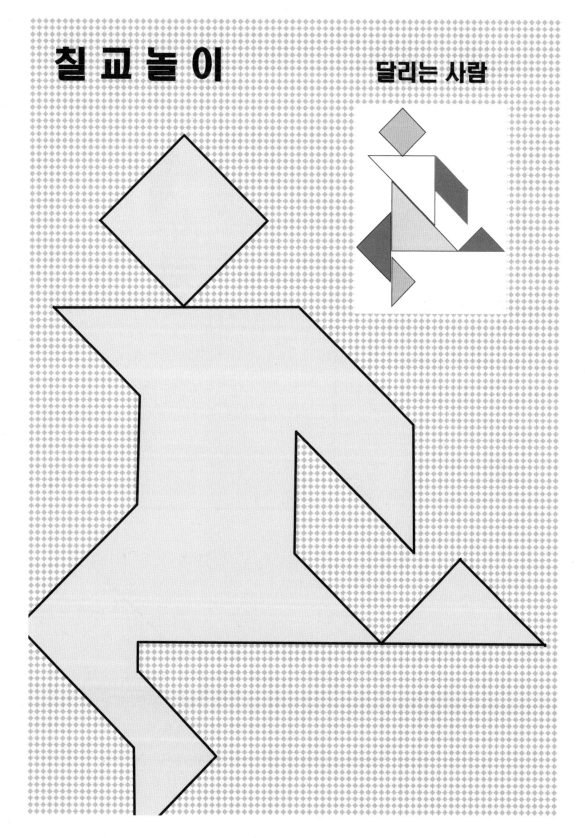

칠교놀이

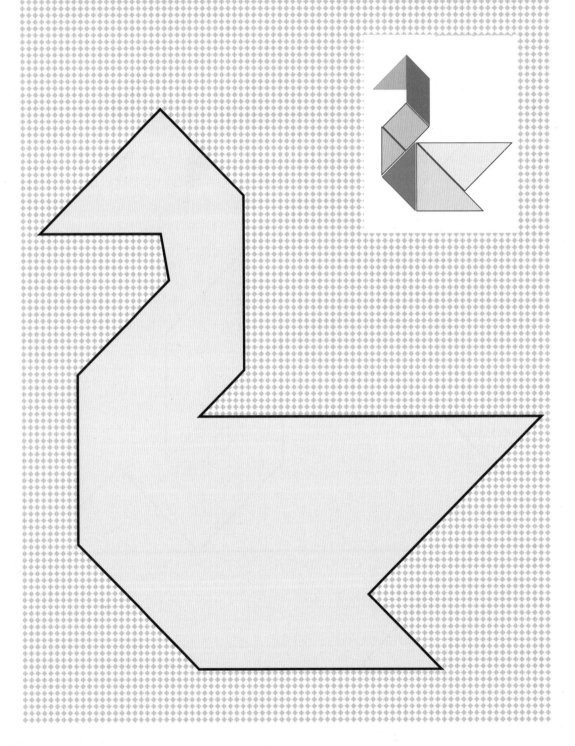

칠교놀이

의자

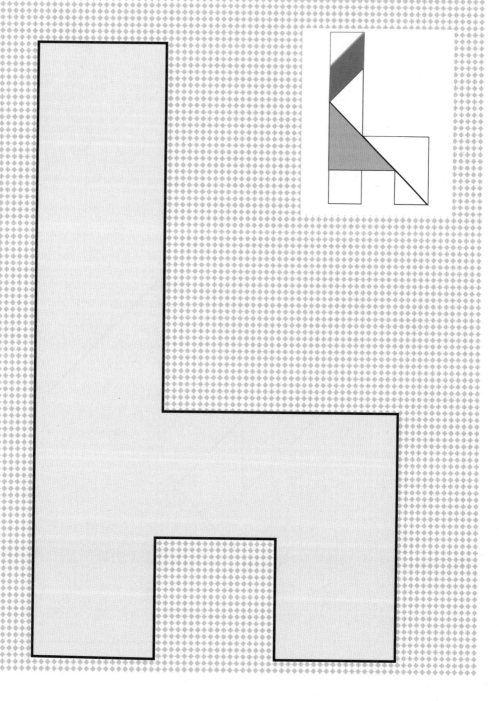

칠교놀이

토끼

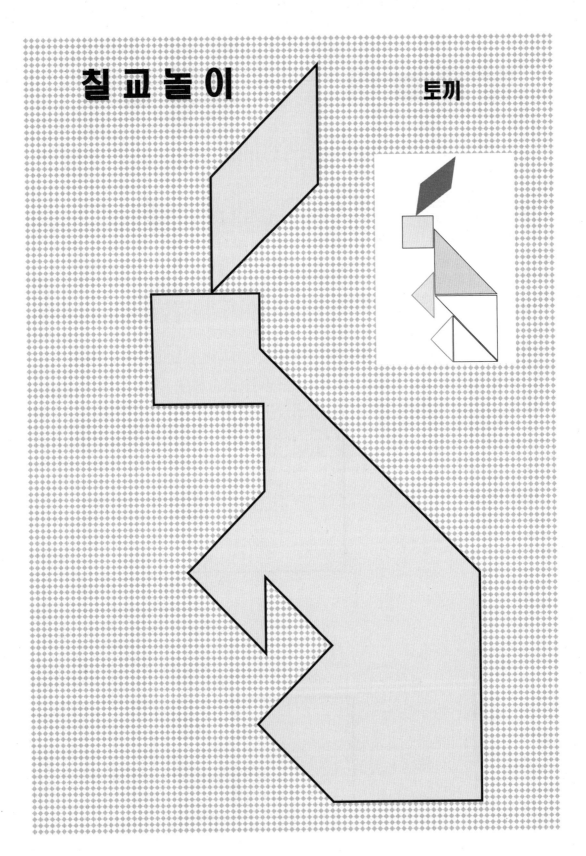

칠교놀이

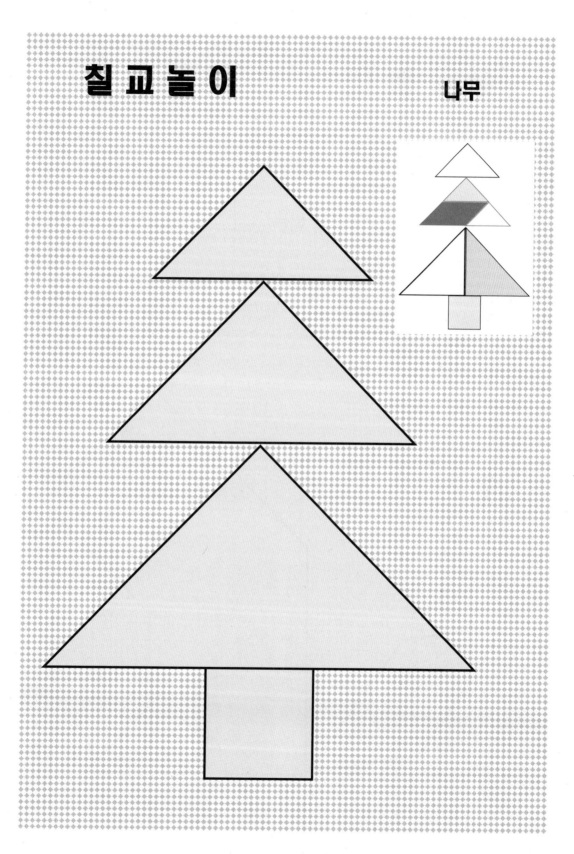

칠교놀이

고양이

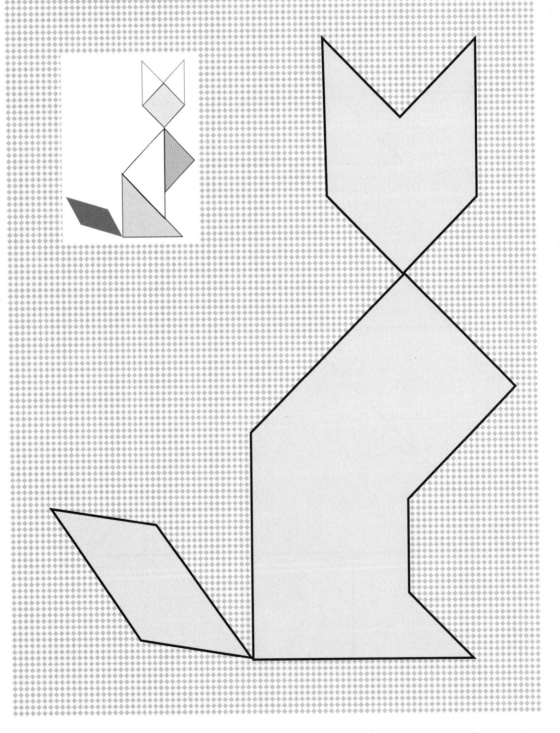

칠교놀이

여우

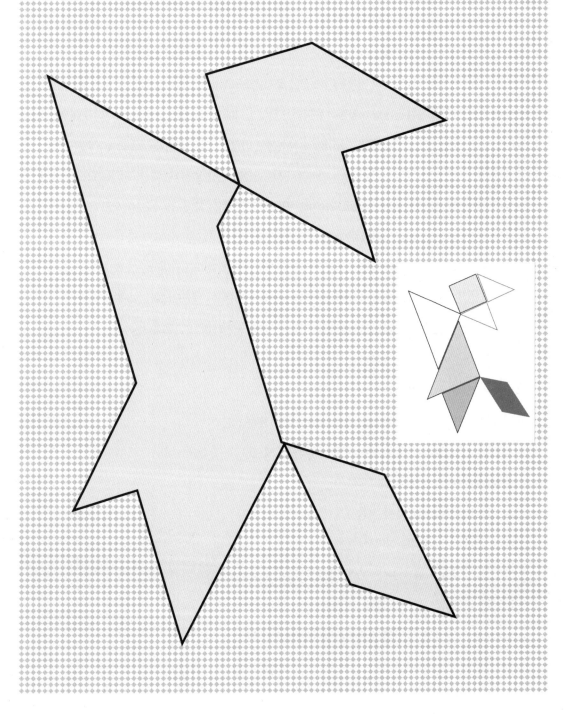

참고문헌

- 조선의민속전통편찬위원회 저(2000)『조선의 민속전통 하(조선의민속전통)』대산출판사

- 강신일, 이완주(2000)『청양 지역 민속놀이에 관한 조사』스포츠과학연구소논문집

- 유명혜(2005)『유아를 위한 전통놀이 활동이 유아의 수학적 능력에 미치는 영향』이화여자대학교 대학원 논문

- 정욱희(2011)『구슬치기놀이가 유아의 놀이성과 사회성에 미치는 영향』경남대학교 교육대학원 논문

- 홍일기(2006)『제기차기 운동이 초등학생의 체력에 미치는 영향과 관련성 분석』대구교육대학교 교육대학원 논문

- 김용수(1998)『제기차기 운동이 초등학교 학습자의 체력향상에 미치는 영향』한국교원대학교 대학원 논문

- 이영자(2003)『팽이치기 프로그램이 유아의 창의성 증진에 미치는 효과』가야대학교 교육대학원 논문

- 권건희(2006)『비석치기 놀이가 유아의 공간 능력에 미치는 영향』한국교원대학교 교육대학원 논문

- 신정희(2002)『민속놀이 활성화를 위한 문화상품 개발에 관한 연구』성균관대학교 대학원 논문

- 김맹순(1999)『전통놀이가 유아의 언어발달에 미치는 영향』서원대학교 교육대학원 논문

- 초등학교 4학년 체육교과서 (주)지학사

- 네이버 백과사전

- 두뇌력을 키우는 실뜨기 백과사전(노구치 히로시 감수, 봄봄스쿨)

- 이상호(2011) 전래놀이 101가지(유아.저학년.중학년.고학년)

- 이광렬(2007) 우리의 세시풍속과 전래놀이

- 정길선 외『초등학교 음악 3-4』지학사

- 임영수『전통놀이의 뿌리를 찾아서』성원

- 홍양자 (한국 전래동요를 찾아서』우리교육

- 신경림『한국전래동요집 1,2』창작과비평사

- 김영주, 서현숙, 오미숙『유아를 위한 상황별 전래놀이』UUP

- 김주현, 박찬옥『단동치기십계훈의 교육관과 유아 교육적 의미』

- 이미향 『전래 손놀이 40선』 이담

- 이상화, 임희숙 『하루 20분 놀이의 힘』 조선앤북

- 이미향, 임효진 『전래동요와 손놀이』 생각나눔

- 조혜정, 김남임 『유아전래동요놀이』 교육아카데미

- 김영주 『영유아를 위한 발달 영역별 전래놀이의 이론과 실제』 UUP

- 이상호 『유아, 저학년 전래놀이 101가지』 사계절

- 이상호 『중학년, 고학년 전래놀이 101가지』 사계절

- 최숙희 『까꿍놀이』 보림

- 이광렬 『우리의 세시풍속과 전래놀이』 청연

- 이기숙, 정미라, 엄정애 『전통유아놀이의 연구와 실제』 창지사

- 신은수, 김은정, 유영의 외 『놀이와 유아교육』 학지사

- 로제카이와 『놀이와 인간』 이상률 옮김

- 최재용, 이철수 『우리가 정말 알아야 할 우리놀이 백가지』 현암사

- 전래동요 『꼬방꼬방』 청아람주니어

- 전래동요 『대문놀이』 청아람주니어

- 고갑준 『애들아! 오늘은 뭐하고 놀까?』 북셀프

- 앤 애커스 존슨 『고양이 실뜨기 놀이』 성인문화사

성공취업 직업만족도 최고, 한국직업능력개발원에
민간자격증으로 정식 등록된 교욱기관과 함께

「치매예방 실버건강
  웃음치료사」

조정화 조정호 조정문 출판이안 13,500원

치매, 실버 건강, 웃음치료 통합 자격증 전문가양성교육과정은 일반인, 노인의 연령별 신체
특징과 건강상태 등을 지도하면서 적절한 운동처방을 내리고 본인들에게 알맞은 종합건강
관리 교육 및 운동지도, 웃음치료사 등 자격증, 및 전문가양성으로 취업 및 자기개발 역량
강화를 지원하는 역할을 합니다.

초보중의 왕초보를 위한

「소통과 힐링의 시창작교실」

이인환 지음 출판이안 14,000원

그거 아세요? 노인성 질병인 치매와 뇌질환에 두뇌를 개발해주는 시창작이 특효약이라
는 것을! 은퇴 후 시창작만큼 좋은 취미생활도 없다는 것을! 초보 중에 왕초보를 위한 소
통과 힐링의 시창작교실을 통해 은퇴 후 최고의 취미생활을 누려보세요.

독서체험의 이미지화로 지혜의 창고를 열다
한 권을 읽어도 실천으로 이끄는 독서코칭

먼저 실천하고 함께 하게 하는
「이미지 독서코칭」

이미진 김양경 이인환 지음 출판이안 16,000원

은퇴 후 현역의 경험을 바탕으로 자손들에게 뜻깊은 독서체험을 들려주고 싶지 않나요? 다
독 못지 않게 중요한 정독, 한 권을 읽어도 백 권을 읽은 것 같은 효과를 얻게 하는 이미지 독
서코칭으로 인생 후반전의 블루오션을 열어보세요.